세계사를 움직이는
다섯 가지 힘

세계사를 움직이는 다섯 가지 힘

욕망+모더니즘+제국주의+몬스터+종교

DESIRE

MODERNISM

IMPERIALISM

MONSTERS

RELIGIONS

사이토 다카시

홍성민 옮김

뜨인돌

프롤로그

'다섯 가지 힘'과 '인간의 감정'을 통해 역사를 읽는다!

당신은 텔레비전이나 신문매체를 통해 세계 소식을 접할 때 왜 하필 지금 이런 사건이 일어나고 있는지, 또 어떤 이유로 그런 문제가 터진 건지 등에 대해 설득력 있고 논리정연하게 설명해낼 수 있습니까? 세계사의 커다란 흐름과 맥락에 대한 이해가 뒷받침되어 있지 않다면 아마도 그것은 매우 어려운 일일 것입니다. 현대세계는 굉장히 복잡하게 조직화되어가면서 동시에 전 지구가 하나로 긴밀히 연결글로벌화되어가고 있습니다. 따라서 환경문제처럼 어느 한 지역이나 국가 차원이 아닌 '세계'라는 거시적인 단위로 머리를 맞대 궁리하고 대처하지 않으면 근본적인 해결책을 찾기 어려운 수많은 난제들을 안고 있습니다.

한데 그것만으로는 충분하지 않습니다. 뭐가 또 필요할까요? 역시를 바라보는 거시적이고도 합리적인 관점이 요구됩니다. 어느 한 나라나 대륙이 아닌, 인류 역사에 대한 통찰력과 분석력을 갖지 못하면 당면한 현실을 정확히 읽어내고 눈앞에 닥친 문제에 현명하게 대처하기 어렵습니다.

세계사는 암기과목이 아닙니다. 수학이나 물리학 이상으로 근원적인 이치와 작동 원리에 대한 본질적인 이해가 중요한 분야입니다. 만일 당신이 학창 시절부터 세계사라는 과목을 유난히 힘들어했고, 성인이 된 지금도 역사책이라면 쳐다보기도 싫다며 고개를 살래살래 젓는다면 역사라는 외투의 첫 단추부터 잘못 끼웠기 때문입니다. 세계사는 왕이나 장군들의 생몰연도나, 아무리 애를 써도 입에 잘 붙지 않는 주문 같은 까다로운 왕조나 인명을 달달 외워야 하는 암기과목이 아닙니다. 세계사를 입시 준비생에게나 필요한 실용과목으로 생각해서는 더더욱 안 됩니다. 어느 조직이나 사회에 속해 있어 궁극적으로 세계를 움직이고 역사를 만들어가야 하는 성인에게 세계사는 더욱 필수적이고 절실한 분야인 것입니다.

무슨 일이든 핵심을 알면 나머지는 쉬워지는 법입니다. 자잘한 것들은 일단 제쳐두고 중요한 코드관점를 중심으로 전체적인 흐름을 살펴가며 역사를 공부하면 재미가 붙기 시작합니다. 다행히 어른에게 필요한 세계사는 자잘하고 낱낱이 흩어져 있는 파편 같은 지식이 아닙니다. 세밀한 내용까지는 기억하지 못하더라도 "생명이 다한 것처럼 보이는, 자본주의라는 '녹슨 기관차'는 왜 멈추지 않는가?" "유럽에서 시작된 근대화는 어째서 딜레마에 빠질 수밖에 없었는가?" "역사적으로 문화 예술의 중심이었던 곳은 브랜드가 되고, 경제의 중심이었던 곳은 브랜드가 되지 않는 이유는 무엇인가?"와 같은 근원적인 의문을 스스로 제기해내고 나름의 답을 찾아갈 수 있으면 그것으로 충분합니다.

이 책은 원시시대 → 고대시대 → 중세시대 → 근현대시대 순으로, 약간씩 말만 바꿔가며 천편일률적으로 답습하고 그럴듯하게 포장하는 이른바 통사류의 세계사 책들과는 차원이 다른 역사서입니다. 예컨대 욕망이라는 중요한 코드에서 출발하여 커피와 차, 혹은 알코올과 코카콜라가 어떻게 세계사의 큰 흐름을 만들고 변화시켜왔는지, 사람의 욕망을 자극하는 금은 어떤 과정을 통해 세계경제의 확고한 틀을 만들었는지, 욕망을 자극하지는 않지만 강함과 실용성으로 무장한 철은 또 어떻게 세상을 뒤흔들고 지배해나갔는지를 차근차근 살펴보고자 합니다. 또한 브랜드와 도시가 욕망을 바탕으로 한 세계사에서 왜 그토록 중요한 의미를 갖는지도 이야기해보려고 합니다. 더 나아가 마치 브레이크가 고장 난 기관차처럼 점점 더 가속하는 근대문명은 어째서 치명적인 딜레마에 빠질 수밖에 없었는지도 따져보고자 합니다. 그리고 방향을 조금 바꿔, 가장 근대적인 철학자로 자타가 공인하는 데카르트 철학의 영향을 받아 신체를 경시하게 된 유럽의 근대사회가 왜 유독 '시각'만을 중시할 수밖에 없었는지, 또 원근법은 왜 다른 시대 다른 공간이 아닌 '유럽의 르네상스 시대'에 발명될 수밖에 없었는지도 고찰해보려고 합니다. 그 연장선상에서 근대사회가 '보다－보여지다'라는 구조를 극대화시켜 '보는 자'가 '보여지는 자'를 지배하는 메커니즘을 만들어낸 과정도 꼼꼼히 훑어보려고 합니다. 여기서 한발 더 나아가, 글로벌기업 마이크로소프트와 구글 안에 '제국주의 메커니즘'이 고스란히 반영되어 나타날 수밖에 없는 까닭도 밝혀보려고 합니다. 그리고 마지막으로 종교의 관점으로 넘어가 '일신교 삼 형제유대교, 기독교, 이슬람교'가 인류의 거의 모든 전쟁사의 주범이 될 수밖에 없었던 기막힌 역사와 '사랑의 종교'인 기독교가 제국의 야망과 하나가 되고, 관용적인 이슬람교가 전 세계적인 분쟁의 불씨가 되어버린 아이러니한 역사도 짚어보고자 합니다.

이 책의 주제를 한마디로 요약하자면, 세계사의 흐름에 중요한 역할을 한 '인간의 감정', 그리고 그 감정이 만들어낸 다섯 가지 힘, 즉 욕망, 모더니즘, 제국주의, 몬스터자본주의, 사회주의, 파시즘, 종교입니다. 무엇이 세상을 움직여왔는지 큰 흐름으로 살펴보면 인류 역사를 좀 더 쉽고 적확하게 이해할 수 있습니다.

학창 시절 누군가에게 쫓기듯 세부 지식에 연연하며 세계사를 공부한 사람은 이 책에서 완전히 새로운 역사를 만나게 될 것입니다. 복잡한 세계사의 흐름과 내용 때문에 고생했던 사람도 기본적인 지식이 이 책에 재미있게 설명되어 있으므로 걱정할 필요는 없습니다.

이 책을 통해 많은 사람이 세계사를 배우는 진정한 의미와 즐거움을 느낄 수 있게 되기를 기대합니다.

차례

2

MODERNISM

서양 근대화의 힘

모더니즘이라는 멈추지 않는 열차

3
IMPERIALISM
제국의 야망사

군주들은 왜 영토 확장에 혈안이 되는가

4
MONSTERS
세계사에 나타난 몬스터들

자본주의, 사회주의, 파시즘이 일으킨 격진

5
RELIGIONS
세계사의 중심에는 언제나 종교가 있었다

신들은 과연 세상을 구원했는가

1

DESIRE

[물질과 동경이
역사를 움직인다]

욕망의 세계사

1

세계를 양분하는
근대의 원동력

커피와 홍차

커피가 위胃로 미끄러져 들어가면
모든 것이 움직이기 시작한다.
이념들은 위대한 군대처럼
전쟁터에서 앞으로 나아가고
싸움이 벌어진다.

스타벅스와 글로벌리즘

우리는 대부분 왕이나 장군, 혹은 소수의 리더 계층에 의해 중요한 의사결정이 이루어지고 시스템이 만들어지며, 더 나아가 역사가 움직인다는 통념을 갖고 있습니다. 하지만 그것만으로는 역사의 다이너미즘이 제대로 설명되지 않습니다. 왜냐하면 사회의 아래로부터의 움직임, 즉 평범한 사람들의 활동에 의한 역동적인 움직임이 분명히 있고, 그 부분을 간과할 때 역사를 입체적으로 파악할 수 없기 때문입니다.

옛날이나 지금이나 사람들은 물질을 동경하고 유행에 좌우되면서 생활을 바꾸고 세상을 변화시켜왔습니다. 그리고 그런 평범한 사람들의 의사결정에 무엇보다 중요한 역할을 하는 것이 '상인'입니다. 특히나 자본주의 사회에서 사람들은 상인이 판매하는 다양한 '물건'들에 의해 심대한 영향을 받을 수밖에 없습니다.

그럼에도 불구하고 세계 역사를 다룬 여러 책들을 보면서 상업의 영향력에 대한 주목도가 지나치게 낮다는 문제의식을 느낄 때가 많았습니다. 한데 최근 그러한 역사관에 도전이라도 하듯 물건의 움직임을 중심으로 보는 역사, 상인의 활약에 주목한 역사책들이 활발히 출판되고 있습니다.

이 책의 제1장에서는 그런 책들의 내용을 참고하면서 어떤 물건이 사람들의 마음을 지배하고 적극적으로 움직여왔는지, 그리고 그것이 어떻게 세계 역사를 이끌어왔는지에 대해 알아보려고 합니다.

맨 처음 주목한 것은 '커피'인데, 그 계기는 스타벅스에 있습니다. 스타벅스는 뉴욕, 파리, 런던, 도쿄 등 세계의 주요 도시들을 중심으로 전 세계 커피 시장을 장악하고 있는, 미국 시애틀에서 시작된 글로벌 커피숍 체인입니다. 스타벅스의 성공, 특히 그 점포 수의 증가 속도를 보면 혀를 내두를 정도인데, 무엇이 그렇게까지 전 세계인의 마음을 사로잡았는지 참 놀랍다는 생각을 할 때가 많습니다.

전면이 커다란 유리창으로 된 점포에 화려한 오픈 테라스, 효율적인 주문 방식도 미국 본점과 선혀 다를 바가 없습니다. 그래서인지 평범한 시민들에게는 세련되고 고급스러운 이미지를 줍니다. 스타벅스의 성공은 이러한 이미지 전략이 도시의 감성, 특히 미국적인 성공을 동경하는 젊은 비즈니스맨의 감성과 절묘하게 맞아떨어진 데 있습니다. 하지만 여기에서 현대사회를 휩쓰는 '글로벌리즘'과 일맥상통하는 거대한 압력 또한 느껴집니다.

최근에는 엘리트라면 스타벅스에서 공부하고 일한다는, 새로운 신앙과도 같은 묘한 인식이 생겨났습니다. 그 바람에 스타벅스라는 미국 자본주의가 낳은 부산물이 도시의 성지聖地처럼 되어버렸습니다. 실제로 아침 일찍 집을 나와 스타벅스에서 커피를 마시면서 공부하고 출근하는 직장인과 학생을 우리는 종종 볼 수 있습니다.

사실은 나도 대학시절부터 카페에서 공부하는 습관이 있어서 하루에 서너 곳을 옮겨 다니며 책과 씨름한 적도 있습니다. 나는 이것을 '카페 전술'이라고 부르는데 다중이용시설, 즉 가게에 주인이 있고, 손님이 있고, 다양한 대화가 오고 가며, 그곳에 있는 사람들이 만들어내는 독특한 분위기가 내 안의 어떤 '의욕'을 자극하기 때문인 듯합니다. 그래서인지 도서관에서는 자주 졸음이 쏟아지지만 카페에서는 여간해서 졸리지 않습니다.

제자 가운데 독학으로 법률을 공부해서 사법시험에 합격한 사람이 있습니다. 나는 굳이 스타벅스를 고집하지는 않는 편이지만 그는 출근 전 그곳에서 한 공부가 대단히 효과적이었다고 말합니다. 그에 따르면, 향상심을 북돋워주는 분위기가 공부에 큰 도움이 되었다고 합니다.

스타벅스는 어떻게 그토록 엄청난 기세로 승승장구할 수 있었을까요? 그것은 단순히 커피 맛 때문이 아니었습니다. 그보다는 현대인에게 뭔가 '특별하다고 느끼는 공간'을 지속적으로 제공하기 때문에 그들의 마음을 사로잡아 대단한 성공을 거머쥔 것이라고 할 수 있습니다.

발자크의 걸작을 가능케 한 '검은 액체'

이미 언급한 대로, 스타벅스가 직장인과 학생들에게 사랑받는 것은 그 공간이 만들어내는 독특한 분위기 탓이 큽니다. 하지만 그에 못지않게 중요한 이유로는 그 공간에서 마시는 음료가 다름 아닌 '커피'라는 데에 있습니다. 커피는 모든 음료를 통틀어 근대가 가진 '잠에서 깨어 있는' 느낌, 혹은 분위기와 가장 궁합이 잘 맞는 음료이기 때문입니다.

커피를 사랑하는 애호가로서 가장 먼저 떠오르는 인물은 『인간희극』으로 잘 알려진 19세기 초 프랑스의 소설가 오노레 드 발자크Honore de Balzac입니다. 그는 소설을 쓸 때면 먹처럼 검은 블랙커피를 연거푸 마셔댔는데, 슈테판 츠바이크Stefan Zweig

가 남긴 『츠바이크의 발자크 평전』을 보면 그가 얼마나 대단한 커피광이었는지 짐작할 수 있습니다.

발자크의 집필 방식은 그야말로 경이적이라 할 만했습니다. 그는 밤낮을 가리지 않고 사나흘 동안 책상 앞에서 글만 쓴 적도 있습니다. 가끔 집 밖으로 나오기도 했지만 그조차 약간의 먹을거리와 커피를 사기 위해서였다고 합니다. 그는 체력이 완전히 바닥날 때까지 글을 썼는데, 몸과 손이 굳고 머리가 둔해지면 '검은 석유', 즉 먹처럼 진한 커피를 들이켜는 것으로 스스로에게 채찍을 가하며 인간이 도달할 수 있는 거의 한계지점까지 자신을 내몰아 미친 듯이 집필에 몰두했습니다.

커피가 위胃로 미끄러져 들어가면 모든 것이 움직이기 시작한다. 이념들은 위대한 군대처럼 전쟁터에서 앞으로 나아가고 싸움이 벌어진다. 추억들은 행진의 깃발을 들어 올리고, 태풍과 같은 발걸음으로 들어선다. 경기병은 말을 속보로 몰아 전진하고, 보급부대와 탄통을 거느린 논리의 대포가 쉭쉭 소리를 내며 다가온다. 풍부한 감성으로 무장한 발상들이 저격병이 되어 전투에 끼어든다. 인물들은 옷을 차려입고, 종이는 잉크로 뒤덮이고, 전투는 점점 강해졌다가 진짜 전쟁터의 싸움이 화약 연기에 뒤덮이듯 시커먼 흐름 속에서 끝난다.

이처럼 발자크는 커피가 없으면 일을 하지 못했습니다. 한데 그 커피도 자신의 취향에 맞는 독특한 커피, "그 누구도 그렇게 검고, 그렇게 진하고, 그렇게 사람을 흥분시키는 자극성의 독물을 조합해주지는 못했다"라고 할 정도로 대단한 것이었습니다. 그런 독한 커피를 다량으로 마시면서 오랫동안 일한 결과 말년에는 극심한 위통으로 고생했다고 합니다.

발자크의 예를 보아도 알 수 있듯이 커피의 자극은 인간의 한계와 나태함을 극복하게 합니다. 그리고 이러한 "도를 넘을 때까지 멈추지 않고 계속한다"는 마인드가 서양문화, 특히 근대화의 과정에서 적나라하게 드러나는 '그칠 줄 모르는' 지속성의 기본요소이자 근간이 됩니다.

지금 우리가 살고 있는 사회 역시 이미 한계를 넘어선 부분이 많습니다. 밥 먹듯 계속되는 잔업과 철야는 물론이고 과로사하기 직전까지 일하는 사람도 적지 않습니다. 그러한 서양의 근대화로부터 시작된 과도한 업무 형태를 부추기고 지탱해준 것이 바로 '커피'였다고 할 수 있습니다.

'잠들지 않는' 근대의 원동력이 된 커피

발자크만큼은 아니어도 밤을 새며 공부하고 일할 때 마시는 음료로 역시 커피만 한 것이 없습니다. 그리고 잠이 오지 않는다는 특성이야말로 커피라는 물질이 가진 핵심적인 특징이자 구심력이기도 합니다. 거기에는 단순히 졸음마귀를 쫓는다는 의미만이 아니라 '깨어 있다', 즉 '의식이 각성해 있다'는 의미도 내포하고 있기 때문입니다.

우리가 커피를 마시는 것도 커피를 좋아한다는 단순한 이유를 넘어서서 커피에 의해 각성한 의식이 경쟁이 치열한 현대사회에서 살아남고 성공하기 위한 필수적인 요소로 받아들여지기 때문인 것 같습니다. 커피가 가진 '잠이 오지 않는 속성'은 세계를 크게 바꾸어놓았습니다.

맛으로만 말하자면, 어린 시절부터 커피를 좋아한 사람은 아마 거의 없을 겁니다. 알코올과 마찬가지로 커피는 어른의 음료입니다. 그래서 커피 맛에 눈을 떴다는 것은 어른이 되었다는 의미이기도 합니다. 그리고 '어른이 된다'는 것은 다시 말해 현대인이 되는 것입니다.

중세시대에 어른의 음료는 와인이나 맥주 같은 '알코올'이었습니다. 우스이 류이치로의 『커피가 돌고 세계사가 돌고』라는 책에는 커피가 보급되기 전 유럽에서의 맥주 소비량이 자세히 소개되어 있습니다. 이 책에 따르면, 17세기 유럽의 평균적인 가정의 맥주 소비량은 남녀노소, 그러니까 어린이까지 포함해 한 사람당 자그마치 하루 3리터나 되었다고 합니다. 중세의 유럽인들이 맥주뿐 아니라 와인도 마셨던 것을 생각하면 지금으로서는 상상하기조차 어려울 정도로 엄청난 소비량입니다.

알코올은 이성을 흐리게 하고 욕망을 자극합니다. 중세의 성에 대한 관대함이나 개방적인 공기는 어쩌면 알코올 소비량과 밀접한 관계가 있을지도 모릅니다. 사실 커피처럼 각성 작용이 강한 음료는 프로테스탄트를 중심으로 유럽에 보급되었습니다. 프로테스탄트는 가톨릭보다 훨씬 금욕적입니다. 그들은 알코올을 금하는 것으로 욕망에 눈뜨지 못하도록 제어하려 했고, 커피를 마심으로써 의식을 각성상태로 만들어 이성적으로 생활하도록 유도하려고 했습니다.

남녀의 난잡한 관계를 금하고 자신을 엄격하게 규제하기 위해서는 늘 '깨어 있는' 의식이 필요합니다. 그런 냉정하고 엄격한 의식에 커피라는 음료는 제격이었습니다. 독일의 사회학자 볼프강 쉬벨부쉬Wolfgang Schivelbusch가 쓴 『기호품의 역사』에 그 경위가 자세히 소개되어 있습니다. 이 책에 따르면, 산업혁명기의 깨어 있는 의식에 커피는 가장 잘 맞는 음료였습니다. 따라서 근대에 이르러, 감성의 음료인 중세의 와인을 대신해 이성의 음료인 커피의 시대가 도래하게 됩니다.

커피하우스가 발전시킨 근대적인 비즈니스

커피를 마시는 습관은 이슬람권의 수피교도로부터 시작되었습니다. '수피'는 8세기경 메소포타미아 지방에 나타났던 이슬람 신비주의 집단입니다. 커피의 역사는 기원전으로 거슬러 올라가는데, 에티오피아에서 자생하는 커피 열매를 으깨어 동물성 지방과 함께 경단 모양으로 빚은 것을 갖고 다니며 먹었던 것에서 비롯되었다고 합니다. 그 후 AD 6세기에서 9세기에 걸쳐 아라비아 반도에 전해졌고, 그것을 수피교도가 이용하면서 식용이 아닌 음용으로 변화되었습니다.

수피교도가 커피를 마시게 된 것은 밤을 새워 명상하는 수행 시 커피가 가진 각성효과가 도움이 되었기 때문입니다. 거기에 더해 식욕을 억제하는 특성도 그들에게 매력적으로 작용했을 겁니다. 커피가 갖는 '잠이 오지 않는' 특성이 밤샘수행을 힘들지 않게 했을 뿐 아니라 식욕을 억제하는 특성은 굶주림과 갈증을 극복하는 절식을 실천하는 그들에게 크게 환영

받았습니다. 그리고 수피의 이동과 함께 16세기에는 이집트에 전해졌고, 오스만제국이 아랍지역을 병합하면서 당시 그 지배 아래에 있었던 발칸제국에도 커피가 전해졌습니다. 그리고 17세기에 이르러서는 커피가 유럽 각국으로 전파되었습니다.

커피를 마시는 습관은 커피를 마시기 위한 공간인 '커피하우스'를 만들어냈습니다. 커피하우스에 많은 사람이 모이면 자연스럽게 다양한 의견 교환과 정보 교류가 이루어집니다. 커피가 갖는 각성적인 의식하에 사람과 정보가 모이고, 시대를 움직이는 원동력이 만들어지는 생산적인 장소로 발전합니다. 파리에서 커피하우스가 프랑스혁명으로 이어지는 토론의 장을 제공한 것도 그러한 결과 중 하나로 볼 수 있습니다.

또한 커피하우스는 낱낱의 정보들을 하나로 모음으로써 정보 자체가 힘이 되어가는 근대적인 구조도 만들어냅니다. 지금의 보험이나 금융 같은 자본주의 세계를 지배하는 구조가 처음 생겨난 것도 사실은 커피하우스에서입니다. 하지만 이러한 움직임을 국가가 지시하고 통제한 것은 아닙니다. 시민이 자기 취향에 맞세 자발적으로 모여서 토론에 토론을 거듭한 결과 공공성이 생겨나고 마침내 근대사회의 초석이 만들어지게 된 것이죠. 커피하우스의 역사를 공부하다 보면, 오늘날 스타벅스에서 공부하는 현대인도 커피가 만들어낸 근대사를 다

지금 자랑스러운 듯이 만들어가고 있는 것처럼 보입니다.

존재하지 않는 욕구를 만들어낸 커피 상인의 상술

수피교도로부터 이슬람 세계로 퍼져나간 커피는 16세기에서 17세기까지 약 백 년간 전 유럽에 보급되지만 자연발생적인 흐름은 아니었습니다. 맛이 쓰고 영양소도 적은 커피 같은 부자연스러운 음료를 마시고 싶어 하는 사람은 매우 드물었기 때문입니다.

그렇듯 별로 매력적이지 않은 음료가 지금처럼 확고히 정착한 데는 상인들의 피눈물 나는 노력이 있었습니다. 말하자면, 상인이 의도적인 노력을 통해 '그전까지는 존재하지도 않았던 욕구'를 만들어 정착시킨 것입니다.

아라비아에서는 커피의 특성이 이슬람교의 '잠잠Zamzam 성수메카의 카바신전 옆에 있는 우물물'라는 종교적인 이미지로 이어져 사람들의 마음을 사로잡았습니다. 그러나 유럽에서는 그런 것이 잘 통하지 않았죠. 따라서 상인들은 '이성의 리큐르Liqueur'나 '안티 알코올' 같은 커피의 사용가치를 호소하는 방식으로 "이성을 각성시키는 음료, 커피"라는 구체적인 카피를 내세워 시장에 정착시키기 위해 안간힘을 썼습니다. 동시에 호화로운 커피하우스를 짓고 그곳에서 커피를 만들고 마시는 방법을 시연함으로써 사람들의 마음에 커피에 대한 욕구를 심어주기 위해 노력했습니다. 그리고 상인들의 그러한 전략은 멋지게 성공합니다.

1652년 영국 런던에 유럽 최초의 커피하우스가 생겼는데, 이것은 한 영국 상인이 튀르키예에서 데려온 파스카 로제라는 하인을 통해 운영했던 조그만 가게였습니다. 작은 가게로 시작한 런던의 커피하우스는 31년 뒤인 1683년에 이르러서는 자그마치 3천여 곳으로 늘어났습니다. 한데 커피 경제의 이렇듯 화려한 성공 뒤에는 어두운 그늘도 짙게 드리워져 있었습니다. 영국을 비롯한 서구 열강들과 자본가들은 시장에 유통시킬 대량의 커피 원두를 최대한 낮은 비용으로 생산하기 위해 플랜테이션을 만들고, 식민지의 수많은 사람들을 혹독한 노동과 비인간적인 생산 현장으로 내몰았던 것입니다. 이 점에 대해 좀 더 자세히 이야기해보죠.

커피가 만들어낸 극심한 빈부의 격차

수피교도가 최초로 커피를 마시기 시작했을 당시에는 에티오피아나 예멘에서 자생하는 커피나무의 콩이 사용되었습니다. 그것이 이슬람권에 보급되어 널리 사용되면서 이슬람권 전역에서 커피나무가 재배되기에 이릅니다.

그 후 17세기 무렵, 유럽에서 커피가 유행하자 공급이 수요를 따르지 못하는 사태가 발생합니다. 하지만 상대적으로 추운 유럽에서는 커피나무를 재배하려고 해도 가능하지가 않았습니다. 그래서 할 수 없이 유럽의 여러 나라들은 식민지에서 커피 재배를 시작합니다. 1700년에 네덜란드가 자바에서의 생산에 성공하고, 1723년에는 프랑스가 칼리프해의 서인도제도에 묘목을 갖고 간 것을 계기로 남미에서도 대규모 커피 재배가 이루어집니다.

커피 재배는 사람 손이 많이 가고 혹독한 노동을 필요로 하는 농업입니다. 힘든 노동으로 원주민 수가 줄자 격감한 일손을 채우기 위해 이번에는 아프리카에 사는 흑인들이 노예로 끌려와서 인도제도의 커피농장에서 일하게 됩니다. 그들이 얼마나 가혹한 운명을 겪었는지를 보여주는 통계가 있습니다. 노예 신분으로 아프리카에서 미국으로 끌려온 흑인의 수는 무려 1,500만 명이나 되었는데, 이후 18세기 미국에서 살아남은 흑인 노예의 수는 300만 명 정도에 불과했습니다. 흑인 노예의 가혹한 노동으로 만들어진 유럽의 커피는 '니그로의 땀'이라 불렸을 정도입니다.

그 후 커피 재배는 브라질과 아프리카로 옮겨갑니다. 오늘날 커피 플랜테이션은 18세기처럼 노예 노동자에 의해 이루어지지는 않습니다. 하지만 착취의 기본 메커니즘이 고스란히 살아 있다는 점에서 근본적으로 달라진 것은 없다고 해도 과언이 아닙니다.

『커피가 돌고 세계사가 돌고』를 보면 수출에서 차지하는 커피의 비율에 대한 1979년 통계가 나와 있습니다. 이 자료에 따르면 우간다 98퍼센트, 부룬디 82퍼센트, 에티오피아 75퍼센트, 르완다 71퍼센트로 하나같이 높은 수치를 보이고 있습니다. 쉽게 말해서 이것은 그 나라들의 커피에 대한 수출 의존도가 지나치게 높다는 것을 보여줍니다.

커피는 쌀이나 보리, 옥수수 따위와는 달리 생필품이 아닌 기호품입니다. 그리고 커피를 기호품으로 소비하는 것은 물질문명이 발달하고 부가 집중된 나라의 사람들입니다. 그런 커피는 믿기 어려울 만큼 싼 가격에 팔립니다. 다시 말해 20세기 이후 커피 경제의 대략적인 구도 또한 식민지 시대의 그것과 거의 다를 바 없다는 이야기입니다.

산업혁명 이후 근대의 유럽인들이 마시는 커피의 수요를 충족시키기 위해 적도를 따라 이어지는 '커피 벨트' 지역의 사람들이 가혹한 커피 재배에 종사하게 됩니다. 이러한 커피의 생산과 소비의 구도가 커피 재배라는 가혹한 노동에 내몰리는 가난한 사람과 커피를 마셔 각성함으로써 경제를 움직이고 현대사회를 쥐락펴락하는 부유한 사람이라는 '격차'를 만들어내는 것입니다.

유럽에서 녹차보다 홍차가 더 사랑받은 것은 '설탕' 때문이었다?

커피와 함께 세계를 양분하는 음료로 '차'를 꼽을 수 있습니다. 차의 역사 또한 커피의 그것에 결코 뒤지지 않습니다. 우선, 차는 전혀 다른 맛과 향을 가진 중국차, 일본차, 홍차가 있는데 세 가지 모두 '차나무'에서 만들어집니다. 맛과 향의 차이는 제법製法에서 오며, 우리에게 상대적으로 친숙한 녹차는 나무에서 딴 찻잎을 가열처리한 것으로 발효는 하지 않습니다. 우롱차나 보이차는 발효 도중 찻잎을 가열함으로써 발효를 멈춘 반발효차입니다. 그리고 나무에서 딴 찻잎을 건조시켜 비벼서 완전 발효시킨 차가 영국을 비롯한 유럽에서 즐겨 마시는 홍차입니다.

차는 현재의 중국 윈난성雲南省에서 인류 역사상 최초로 재배되었습니다. 처음에는 차도 커피처럼 음용이 아닌 채소의 일종으로 조리해서 먹었는데, 후한시대AD 25~220년에 탕약의 전통을 갖고 있던 한인에 의해 개발되어 오늘날처럼 차로 마시게 되었다고 합니다. 차를 마시는 습관이 서민에게까지 보급된 것은 당나라AD 618~907년 때의 일로, 이 시대의 견당사遣唐使, 일본에서 당나라에 파견하던 사신를 통해 일본에도 비로소 차가 전해집니다.

유럽에서 처음으로 차를 마시게 된 나라는 네덜란드였습니다. 유럽의 여러 나라들 중에서 최초로 인도항로를 개척해 아시아와 무역을 하기 시작한 것은 포르투갈이었습니다. 하지만 당시 16세기 주를 이뤘던 교역품은 향신료와 실크로, 차는 여기에 포함되지 않았습니다. 맨 처음 차를 교역품으로 거래하기 시작한 것은 1602년에 설립된 세계 최초의 주식회사로 유명한 네덜란드의 동인도회사였습니다. 네덜란드가 처음으로 중국과 일본으로부터 차를 대량으로 구입해 본국에 보내기 시작한 것은 1610년 무렵이었는데, 이때의 차는 홍차가 아닌 녹차였습니다.

그럼 홍차는 어떻게 탄생했을까요? 가장 널리 알려진 이야기로는, 중국에서 영국으로 찻잎이 운반되는 도중 온도와 습도가 높은 적도를 통과할 때 찻잎이 발효되어 홍차가 되었다는 것입니다. 하지만 사실은 18세기 후반에 중국에서 반발효

차인 우롱차를 개량해 만든 것이 그 뿌리라고 합니다. 이것이 영국인의 절대적인 지지를 얻은 것이죠.

녹차보다 독특한 홍차가 지지를 받은 데에는 홍차의 수입 개시와 거의 같은 시기에 서인도제도의 플랜테이션에서 설탕의 대량생산이 성공한 것과 밀접한 관계가 있습니다. 그대로는 맛이 강한 홍차도 설탕을 넣으면 당시의 녹차보다 훨씬 맛있었기 때문이죠. 이렇게 해서 영국에서는 녹차가 아닌, 향도 맛도 진한 홍차에 설탕을 넣어 마시는 특유의 차 문화가 정착하게 됩니다.

차를 마시는 방식의 변화가 그와 어울리는 다기를 만들어냈고, 영국만의 독자적인 차 문화가 생겨났습니다. 차가 그 나라의 독자적인 방식으로 정착하고 그것이 문화를 창조한 것은 일본이나 한국의 다도도 마찬가지입니다. 차는 이렇듯 짧은 시간에 세계의 문화를 만들어냈습니다.

'차 vs. 커피'의 세계사

위에서 살펴보았듯이 차와 커피는 세계를 움직여온 음료인데, 그 세부적인 방식에는 차이가 있습니다. 그중 가장 흥미로운 것은 음용법의 차이입니다. 커피 문화권에서는 뭔가 일의 속도를 올리고 싶을 때 커피를 마시는 편인데, 차 문화권 사람들은 한숨 돌리며 쉬고 싶을 때 차를 마시는 경향이 있습니다. 그래서 커피 마시는 시간을 'Coffee Time' 대신 'Coffee Break'라고 하는 데 반해 차 마시는 시간을 'Tea Break'가 아닌 'Tea Time'이라고 하는 것이지요. 이런 단어의 차이는 괜히 생겨난 게 아닙니다.

전통적인 영국인의 경우, 아침에 눈을 떠서 마시는 '얼리 티Early Tea'부터 시작해서 아침 식사 때는 '브렉퍼스트 티Breakfast Tea', 오후 간식 때 '애프터눈 티Afternoon Tea', 그리고 잠들기 전에 마시는 '나이트 티Night Tea' 등 하루에 네다섯 번 정도 티타임을 갖습니다. 최근에는 다소 줄었지만 그래도 하루 평균 세 잔 이상 홍차를 마신다고 합니다.

일본인도 차를 즐겨 마시는데, 집 안의 거실을 '다실'로 부르는 것은 가족이 한자리에 모여 차를 마셨다는 것을 의미합니다. 지인을 만났을 때나 길에서 여자를 유혹할 때도 "차 한 잔 하시겠어요?"라는 말이 관용구처럼 쓰이고, 모임이 열릴 때도 차가 나오지 않으면 왠지 불안해집니다. 이렇듯 차 문화가 정착한 지역에서는 차 없는 생활은 상상도 하기 어려울 만큼 생활 깊숙이 침투해 있습니다.

한때 영국의 식민지였던 미국도 처음에는 차 문화권에 속했습니다. 지금처럼 커피 문화권으로 바뀐 것은 18세기 후반에 일어난 '보스턴 차 사건Boston Tea Party, 1773'이 계기가 되었습니다. 당시 프랑스와 벌였던 프렌치 인디언 전쟁1754년부터 1763년까지 영국과 프랑스가 북아메리카에서 벌인 전쟁으로 막대한 부채를 떠안게 된 영국은 미국에서의 홍차 판매 독점권을 영국의 동인도회사에 주고, 동시에 그 차에 높은 세금차세을 부과하는 방식으로 자금을 조달하려 했습니다. 이 관세법에 반발해 보스턴 항구에 정박 중이던 동인도회사의 배를 북아메리카 식민지 주민들이 습격해 배 안에 있던 342개의 차 상자를 바다에 던져버린 것이 바로 보스턴 차 사건입니다.

이 사건 후 미국은 비싼 찻잎을 영국으로부터 사들이는 대신 커피를 마시게 되었습니다. 일설에 따르면, 아메리칸 스타일의 커피가 비교적 연한 것은 상상을 초월할 정도로 비싸진 가격 때문에 도저히 마실 수 없게 된 홍차를 그리워한 탓이라고 합니다.

지나친 논리비약인지 모르겠지만, 이때 여유로운 기분의 홍차에서 각성작용이 강한 커피로 전환한 것이 그 후 미국이 세계를 제패하게 된 하나의 보이지 않는 동력이 되었을 수도 있다고 생각합니다. 홍차는 진하고 감칠맛 나는 부드러운 분위기와 격조 있는 문화와 예술을 만들어냈습니다. 반면 커피는 활력 있는 분위기와 사업적인 발전, 가격적인 진보를 이룸으로써 근대 이후의 세계를 지배할 수 있었습니다.

차와 커피, 이 두 가지는 지금도 여전히 세계 음료 시장을 양분해 지배하고 있습니다. 또한 둘 가운데 어느 쪽을 지지하느냐에 따라 그 나라의 국민성이 좌우된다고 해도 과언이 아닐 정도로 여전히 막강한 영향력을 발휘하고 있습니다.

미국의 세계 지배 전략의 상징이 된 '코카콜라'

현대로 넘어오면서 차와 커피라는 음료 시장 점유율 전쟁에 당당히 도전장을 내민 것이 '코카콜라'입니다. 코카콜라는 원래 약으로 개발되었다가 차츰 음료로 팔리게 되었습니다. 콜라가 시장에 나오자마자 국민적인 음료가 된 것은 아니라는 이야기입니다.

코카콜라가 도약하게 된 결정적인 계기는 1920년대에 미국에서 발효된 금주법에 의해 술 판매가 전면적으로 금지된 데에서 찾을 수 있습니다. 이 무렵부터 코카콜라는 해외로 수출되기 시작합니다. 일본에는 태평양전쟁 이후 들어오기 시작했는데, 이 무렵1920년 단 한 차례 판매되었을 뿐입니다. 당시의 광고 카피는 "위생적으로나 기호적으로 가장 진보한 세계적인 청량음료"였습니다. 하지만 코카콜라에서 나는 특유의 약 냄새 때문에 거의 팔리지 않았습니다.

그 후 1939년부터 시작된 제2차 세계대전에서 코카콜라는 병사들의 사기 진작에 도움이 되는 군수품으로 허가를 받게 됩니다. 그로 인해 어느 곳에 파병되든지 미국 병사는 코카콜라를 마시게 되었고, 정부 출자로 세계 60여 곳에 보틀링bottling 공장이 세워졌습니다. 이렇게 해서 코카콜라는 미군과 함께 전 세계로 퍼져나갔던 것이죠.

코카콜라는 미국에서 만든 원액만을 수입해 세계 각지의 보틀링 공장에서 시럽, 설탕, 탄산수를 한데 혼합해 완제품으로 제조한 뒤 출하하게 됩니다. 이 원액의 레시피는 '포뮬러formula'로 불리는데, 그 내용은 거의 국가기밀 수준으로 취급됩니다. 또한 전 세계의 보틀링 회사가 미국 본사로부터 원액을 구입해가지 않으면 안 되는 '닫힌 구조'로 되어 있습니다.

코카콜라가 차나 커피와 크게 다른 점은 판매원이 일원화되어 있기 때문에 철저한 이미지 전략이 가능하다는 것입니다. 섹시한 라인을 가진 병에 흘림체로 써내려간 'Coca-Cola' 로고. 지금은 쓰이지 않지만 '산뜻한 그 맛!'이라는 자극적인 광고 카피. 이것들이 하나가 되어 코카콜라라는 상품의 이미지가 완성되었습니다.

그러고 보면 전시의 미군을 위해서라고 말하면서 세계 각지에 코카콜라 보틀링 공장을 세운 것도 미국의 중요한 세계 지배 전략 중 하나였다고 할 수 있습니다. 왜냐하면 전후 일본에서 코카콜라는 미국의 상징이 되어 널리 보급되었는데, 그러한 현상이 세계의 각 나라들에서 거의 동시다발적으로 일어났기 때문입니다. 그것은 결과적으로 미국형 자본주의의 대대적인 확산에 기여하게 되었습니다.

이렇게 음료의 역사 하나만 살펴봐도 인류의 역사라는 것이 죽은 듯 잠들어 있던 시간에서 시작해 차츰 눈을 떠갔다는 것을 알 수 있습니다.

근대 이후 인류의 각성에는 대단한 가속도가 붙는데, 그 원천이 된 커피와 콜라가 인간이 만들어낸 비자연적인 음료라는 것은 의외로 잘 알려지지 않은 사실입니다.

2

세계사를 달리게 하는 양대 바퀴

금과 철

금은 사람의 욕망을 자극하지만
철은 욕망을 자극하지 않습니다.
오로지 실용으로 일관하는 철의 매력은
무엇보다 그 '강함'에 있습니다.

인간의 물질에 대한 욕망이 식민지화로

인간은 지금까지 다양한 '물건'에 매료되었고, 그것을 얻기 위해 무수한 싸움을 반복하며 역사를 움직여왔습니다. 15세기 말부터 시작되는 대항해시대, 유럽인들은 아시아의 향신료를 얻기 위해 항로를 개척했습니다. 서양인으로는 처음으로 인도에 이르는 항로를 개척한 바스코 다 가마Vasco da Gama가 항해의 최종 목적지로 정했던 곳은 이슬람교도로부터 '후추 산지'라고 들어온 인도의 서해안 지역이었습니다. 콜럼버스의 신대륙 발견도 향신료의 보고寶庫인 인도에 가기 위한 신항로를 개척하는 과정에서 얻은 부산물인 셈이었지요.

신대륙에서 운반되어 유럽인의 마음을 사로잡은 '물건'은 향신료만이 아닙니다. 오늘날 우리의 식탁에 어김없이 올라오는 몇몇 채소류는 대항해시대에 신대륙에서 유럽으로 들여온 것들입니다. 감자, 땅콩, 호박, 옥수수, 토마토를 비롯해 인간의 생활과 건강에 큰 영향을 끼친 담배도 신대륙에서 발견되어 전 세계로 퍼져나갔습니다.

아시아나 신대륙에서 얻은 '물건'은 어떤 의미에서 유럽인들의 마음을 비정상적으로 만들어버렸습니다. 물건에 대한 욕구가 그 물건을 산출하는 토지를 소유하고 싶은 욕구로 이어지고, 그것이 영토 확대라는 제국의 야망과 뒤얽히면서 '식민지화'라는 냉혹한 현실을 만들어냈기 때문입니다. 똑같은 식민지화도 신대륙의 경우 아시아보다 더욱 비참한 방식으로 이루어졌습니다. 그것은 신대륙에 방대한 양의 '금'이 매장되어 있었기 때문입니다.

사실 콜럼버스가 아시아에서 얻으려 했던 것은 향신료만이 아니었습니다. 그의 유품 가운데는 15세기 중반에 출판된 마르코 폴로Marco Polo의 『동방견문록』이 있었고, 그 책에는 무려 366군데에 메모가 남아 있습니다. 그것을 통해 그가 아시아의 부富, 특히 황금의 나라 '지팡구'에 강한 관심과 흥미를 갖고 있었다는 사실을 알 수 있습니다.

콜럼버스는 아메리카 대륙에서 금을 찾지만 결국 발견하지 못합니다. 신대륙에서 최초로 황금을 대면한 것은 에르난 코르테스Hernan Cortes, 아메리카의 '정복자'로 알려진 인물라는 스페인의 가난한 귀족 출신 남자였습니다. 코르테스는 1521년, 멕시코 중앙고원을 중심으로 번영했던 아즈텍Azteca 왕국을 정복하고 대량의 금제품을 약탈합니다. 그리고 이번에는 프란시스코 피사로Francisco Pizarro라는 스페인인이 현재의 페루를 중심으로 에콰도르에서 칠레 북부에 걸쳐 번영했던 잉카제국을 무력으로 정복해 대량의 금을 약탈합니다. 하지만 인디오들의 진짜 고통은 이때부터가 시작입니다. 정복한 토지를 발판으로 신대륙 각지에서 대규모의 금맥 찾기가 이루어지고, 노동력으로 동원된 인디오들은 가혹한 노동과 스페인인이 몰고 온 병원균에 의해 그 수가 크게 줄어듭니다. 인디오의 수가 격감하자 스페인인은 아프리카에서 흑인들을 사로잡아 노예로 데려왔습니다.

그런 탐욕의 결과, 코르테스는 콜롬비아에서 몇 개의 우량 금광을 발견해 유럽에 많은 양의 금을 안겨주었습니다. 금광 탐색과 발굴은 '막대한 양의 은'이라는 부산물을 만들어냈습니다. 신대륙 침략이 시작된 1503년 당시만 해도 남북아메리카의 은 생산량은 거의 없다시피 했습니다. 1545년 현재의 볼리비아에서 포토시Potosi 은광이 발견된 이후 1551년에서 1560년에 이르기까지 10여 년 동안 그 양이 급격히 증가했고, 1591년부터 1600년 사이에는 무려 270만 킬로그램이라는 엄청난 양의 은이 채굴되었습니다.

신대륙으로부터 대량으로 유입된 은은 유럽 내에서 은화

가치 하락으로 인한 물가상승을 불러왔고, 유럽 경제에 커다란 변화를 일으켰습니다. 이것을 우리는 '가격혁명'이라고 부릅니다. 그때까지 무역도 지중해와 발트해를 중심으로 이루어졌던 것이 대서양을 무대로 바뀌게 되었고, 무역으로 부를 쌓은 국가들을 중심으로 제국주의가 세계를 석권하는 시대가 열리게 됩니다. 즉, 아시아의 향신료와 금을 손에 넣고 싶은 유럽인들의 욕망이 대항해시대를 만들어냈고, 결과적으로 유럽 세계를 확대시켜 아시아와 신대륙을 식민지화했다고 할 수 있습니다.

'신의 육체'를 손에 넣은 인간

금은 모든 물건을 통틀어 가장 오랫동안 많은 사람을 매료시킨 신기한 '물건'입니다. 사람들은 너 나 할 것 없이 간절히 금을 원하고 어떻게든 자기 것으로 만들고 싶어 합니다. 그러나 처음에 금은 사람이 아닌 신의 것이었습니다. 마스다 요시오의 『황금의 세계사』를 보면 고대 이집트에서 금은 태양을 상징하는 색인 동시에 '신의 색'이었습니다.

이집트 신화에서 황금은 '신의 살'이었다. 파라오는 '황금의 호루스'라는 칭호를 가진 신적인 존재로 숭배되었는데, 죽으면 황금으로 된 육체를 가진 신이 된다고 믿었다.

(…) 이집트의 태양신은 라Ra, 또는 레Re로 불렸는데, '무리를 이룬 별 중의 황금'으로 칭송받았고 돌로 된 비석에는 이렇게 새겨져 있다. '처음에 레가 말했다. 나의 피부는 순금이다'라고.

고대 이집트의 왕 투탕카멘의 묘에서 발굴된 황금 마스크의 배경에는 이러한 신앙이 있었던 것입니다. 현대인은 금을 돈으로 연결해 생각하기 때문에 왕이나 권력자는 금으로 된 장식품을 통해 자신의 힘과 권력을 나타냈다고 생각하기 쉽습니다. 그러나 사실 그들은 금을 몸에 두르는 것으로 신과 하나가 됨으로써 신의 힘이 자신에게 있음을 보이고자 했습니다. 말하자면 금 자체가 신을 상징했던 것이죠.

사실 이것은 이집트 고유의 사상은 아닙니다. 규모의 차이는 있지만 다른 문명에서도 이러한 인식을 얼마든지 찾아볼 수 있습니다. 예를 들어 불상에도 금박을 입힌 것이 많은데, 불전佛殿에 쓰여 있는 본래 부처의 모습은 '신금색상身金色相'이라 하여 금색으로 빛났다고 되어 있습니다. 일본의 나라奈良에 있는 대불상도 쇼무聖武 천황이 창건했던 당시에는 전신에 금도금을 하여 금색으로 빛이 났다고 기록되어 있습니다. 금박으로 옷을 입힌 교토의 금각사金閣寺도 원래는 부처의 사리를 모신 건물인 '사리전'으로 지어졌습니다.

기독교에서는 교리상 우상을 만들거나 섬기는 것을 철저히 금하고 있기 때문에 신 자체를 묘사한 황금상은 없지만 유럽에 있는 대사원은 내부가 황금으로 채워진 곳이 더러 있습니다. 또한 코르테스나 피사로가 신대륙에서 본국에 갖고 온 황금의 대부분도 교회 장식에 사용되었습니다.

이렇듯 '신'과 '금'은 고대로부터 이미 매우 긴밀한 관계를 맺고 있었습니다. 한데 그것은 사람이 황금의 빛 속에서 '신의 모습을 보았다면 이 금처럼 빛났을 것이다' 하는 식으로 신의 모습을 찾아낸 것이라고 할 수 있습니다. 인간에게 금은 신의 모습이고, 생명을 키우는 태양의 모습이며, 밝게 빛나는 불사不死의 상징, 즉 힘의 표상이었습니다.

'금'의 이동은 '권력'의 이동

인간은 오랜 옛날부터 희소한 금을 두고 피 터지게 싸워왔습니다. 코르테스와 피사로가 저지른 것과 같은 잔인한 약탈은 그 훨씬 이전부터 일어났습니다. 땅에서 캐낸 금은 힘을 가진 자에게 모이고, 힘을 가진 자들 간의 싸움으로 금은 더욱 강한 사람에게로 이동합니다. 고대세계에서 전쟁과 침략으로 금이 집중하는 흐름에 대해 『황금의 세계사』는 다음과 같이 설명하고 있습니다.

축적된 각지의 황금은 기마민족을 비롯한 신흥세력에 의해 빈번히 약탈되고, 세계제국으로 성립한 아케메네스 왕조 페르시아가 이 황금의 대부분을 손에 넣는다. 그리고 그것은 다시 마케도니아의 알렉산드로스의 약탈로 서방으로 이동함으로써 헬레니즘 시대의 번영을 이룩하는 기틀을 만든다. 그리고 결국 신흥세력 로마가 이 부富를 장악하여 지중해 세계의 패자霸者가 된다고 하는 것이 대체적인 흐름이다. 약탈에 의해 축적된 황금은 확산하고 이동한다. 그리고 이 이동과 함께 경제와 정치권력의 자리도 이동한다.

간단히 말하자면 "금은 항상 그 당시의 최고권력 아래 모인다"라는 것입니다. 신대륙에서 대량의 금을 약탈해간 스페인은 16세기에 들어서 무적함대를 자랑하는 전성기를 맞이합니다. 하지만 1588년 무적함대 아르마다Armada, 에스파냐의 펠리프 2세가 편성한 대함대가 영국에 패해 금을 빼앗기면서 유럽에서의 패권을 상실하게 됩니다. 스페인에게서 금을 빼앗은 영국은 그 후 더 나아가 브라질에서 금광을 발견함으로써 대량의 금을 보유하게 되고, 포르투갈로부터도 금을 빼앗는 데 성공하여 마침내 대영제국을 건설합니다. 이때 영국이 금을 긁어모은 방법은 '전쟁'이 아니라 '무역'이었습니다.

영국은 자국의 상품인 잡화와 총기를 서아프리카의 흑인 노예상들에게 비싸게 팔고, 그렇게 해서 얻은 노예를 다시 신대륙으로 데리고 가서 비싸게 되팔았습니다. 그런 다음 설탕과 담배 같은 신대륙의 특산물을 영국에 갖고 돌아옵니다. 그렇게 함으로써 영국은 이중 삼중으로 막대한 이익을 챙깁니다.

금이 집중된 영국은 경제 안정을 꾀하기 위해서 가격변동이 심한 은을 통화에서 제외하고 금만을 본원통화reserve money로 하는 '금본위제gold standard system'를 실시합니다. 이것으로 금 1온스는 3파운드 17실링 10.5펜스로 정해지고, 금과 화폐는 완전히 같은 것으로 인식됩니다. 그 후 세계의 여러 나라들이 영국을 따라서 금본위제를 도입합니다. 이로써 많은 금을 보유한 영국은 세계금융의 중심이 되고, 풍부한 금의 지원을 받은 영국 통화 파운드의 신용이 세계경제를 좌우하게 됩니다. 그러나 세계무역의 총액이 영국이 보유한 금의 가치를 웃돌게 되고, 그때까지 1등을 달렸던 영국을 후발주자인 미국과 독일이 급속히 추격하기 시작하면서 금본위제는 그 위상이 추락합니다. 결국 1816년부터 시작된 금본위제 시대는 1914년에 이르러 종말을 맞이합니다.

그 후 세계공황이 끝나고 달러를 태환지폐금과 교환할 수 있는 지폐로 하는 등 일시적으로 경제를 안정시킬 목적으로 금본위제가 도입되기도 했지만 세계적으로 정착되지는 않습니다. 제2차 세계대전 후에는 영국을 대신해 최대 금 보유국이 된 미국의 통화인 달러의 '금환본위제gold-exchange standard system, 금본위제를 채용한 다른 나라의 통화를 보유해 자국 통화의 안정을 도모하는 제도'를 중심으로 한 국제통화기금 IMF 체제로 이행합니다. 그러나 그것도 1971년 8월의 닉슨 쇼크미국 닉슨 대통령이 발표한 금과 달러와의 교환정지 등을 포함한 달러방위정책으로 인해 발생한 충격로 붕괴합니다. 그리고 미 달러의 금환본위제가 정지된 후에는 '변동환율제도floating exchange rate system'로 이행합니다. 이렇게 해서 금은 화폐와 멀어지게 됩니다.

화폐의 가치는 사람들끼리 약속한, 쉽게 말해 하나의 '환상'에 지나지 않습니다. 따라서 세계경제가 흔들리면 언제 다시 금이 경제 가치의 기준이 될지 모릅니다. 구체적인 실체를 알 수는 없지만 그 시점에 어마어마한 힘을 가진 새로운 권력자가 세상에 나타날 가능성이 있습니다.

근대과학을 낳은 욕망의 연금술

금은 인간의 욕망을 상징합니다. 금이 불러일으키는 욕망은 끝이 없습니다. 하지만 그런 욕망과는 반대로 금은 유한합니다. 그리스 신화의 미다스 왕 이야기는 금에 대한 인간의 욕망과 어리석음을 잘 보여줍니다. 프리기아Phrygia, 현재의 튀르키예의 왕 미다스는 자신의 장미정원에서 술에 취해 곯아떨어진 반인반마의 숲의 신 시레노스를 정성껏 대접합니다. 그것을 알게 된 풍작의 신이자 포도주의 신인 디오니소스는 자기 스승인 시레노스를 환대한 미다스에게 원하는 것을 무엇이든 들어주겠다고 약속합니다. 미다스 왕이 말한 소원은 손에 닿는 모든 것을 황금으로 변하게 만드는 것이었습니다. 그의 소원은 이루어지고 미다스 왕은 기뻐하며 주위의 모든 것들을 황금으로 만들어버립니다. 그런데 그가 식사를 하려고 하자 손에 든 빵과 물까지 모두 금으로 변해버리고 맙니다. 이것을 보고 그는 비탄에 빠지게 됩니다. 하지만 재앙은 거기에서 끝나지 않았습니다. 그가 사랑하는 딸과 포옹한 순간 딸이 금으로 변해버렸던 것입니다.

미다스 왕은 디오니소스에게 손에 닿는 모든 것을 금으로 변하게 하는 능력을 없애달라고 애원합니다. 그리고 그가 가

르쳐준 대로 팍트로스 강으로 달려가 강물에 몸을 정성껏 씻습니다. 그러자 미다스 왕은 비로소 그 능력을 잃게 되었는데, 대신 팍트로스 강에 엄청난 양의 사금이 남았습니다.

이렇듯 어리석을 정도로 금을 갈구하는 인간의 욕망은 '연금술'이라는 출구 없는 미로로 인간을 몰아넣습니다. 연금술은 화학적인 수단을 이용해 비금속으로부터 금을 만들어내려는 시도입니다. 이러한 시도는 고대부터 이루어졌고, 특히 중세에는 많은 사람이 연금술에 깊은 관심을 가졌습니다.

사람들은 왜 금을 만들어내려는 생각을 하게 되었을까요? 그 열쇠는 '현자의 돌'이 쥐고 있습니다. 현자의 돌을 만들어낼 수만 있다면 금뿐 아니라 불로불사도 손에 넣을 수 있다고 믿은 사람들이 마술과 같은 연금술에 푹 빠지게 되었던 겁니다.

하지만 한번 생각해봅시다. 금은 희소성에 의해 그 가치가 높아지는 것입니다. 그런 금을 인공적으로 얼마든지 만들 수 있게 된다면 하루아침에 그 가치가 떨어질 것이 뻔한데, 어째서인지 사람들은 그 점을 전혀 고려하지 않았습니다. 아마도 인간다운 어리석음으로 자신만이 그 비법을 손에 넣을 거라고 생각했겠죠. 그러나 어리석은 욕망이 뒷받침되었던 연금술이 결국에는 근대과학을 탄생시켰으니 이 또한 재미있는 일입니다.

인간의 심층심리를 연구한 카를 구스타프 융Carl Gustav Jung은 "연금술은 지구의 표면을 지배하는 기독교의 '지하수'를 이루고 있다"라고 말했습니다. 이것은 황금이 종교신와 동등하게 평가될 만큼 인간의 의식 아래까지 도달해 있었음을 의미합니다. 정신분석의 창시자인 지그문트 프로이트Sigmund Freud도 "황금은 인간의 깊은 잠재의식 속에서 본능을 만족시키고, 상징으로서 이용하기를 재촉하는 그 무언가를 갖고 있다"라고 말합니다.

퍽 오래전 이야기인데, 1993년 탈세혐의로 가택수색을 받은 자민당의 가네마루 신 부총재의 자택에서 당시 시가로 약 1억 원 상당의 금괴가 발견되어 구설수에 오른 일이 있습니다. 이때 발견된 부정재산의 총액은 무려 수백억 원에 달한다고 하니 그의 집에서 발견된 금괴의 양은 극히 일부에 불과했음에도 불구하고 '금괴'라는 압도적인 인상이 사람들에게 실제 금액보다 훨씬 큰 충격을 주었지요. 그것이 다이아몬드였다면 아마도 그 정도의 충격을 받지는 않았을 겁니다. 다이아몬드도 분명 인간을 매료시키는 희귀한 보석 가운데 하나지만 금과 같은 매력은 없습니다. 다이아몬드는 탄소 덩어리로 불에 타면 사라져버리기 때문입니다. 하지만 금은 불에 타도 녹기만 할 뿐 사라지지 않습니다. 또한 부식되지도 않습니다.

그렇게 생각하면 금은 인간의 욕망을 자극한다는 점, 아찔할 정도로 매력적이라는 점, 또 보편적 가치를 갖는다는 점 모두에서 확실한 챔피언이라고 할 수 있습니다.

아름답지 않은 금속 '철'이 움직이는 세계사

금과는 정반대의 성질을 가진 금속이 철입니다. 철 역시 금과는 다른 의미에서 역사를 움직여온 금속입니다. 역사에서 시대를 구분하는 데는 몇 가지 방법이 있습니다. 그중 하나가 인간이 사용하는 도구를 중심으로 나누는 방법으로 석기시대, 청동기시대, 철기시대로 구분합니다.

물론 청동기시대라고 해서 철을 전혀 사용하지 않았던 것은 아니고, 또 철기시대가 되었어도 돌로 된 도구가 완전히 사라진 것도 아니었습니다. 따라서 이런 시대 구분은 어느 도구가 주로 사용되었는지를 보여주는 것이라고 생각하면 됩니다. 또한 이것은 유럽의 역사학에서 이용되는 시대 구분이므로 다른 나라, 다른 지역에까지 똑같이 적용되지 않는다는 단점도 있습니다. 그래도 대략적으로 보면 철기 사용이 인류 발전에서 혁명적인 사건임에는 틀림없습니다.

철과 금은 서로 극을 이루는 금속입니다. 금이 아무리 오랜 세월이 흘러도 전혀 녹슬지 않는 데 반해 철은 부식하기 쉬운 금속입니다. 금은 산출량이 제한되어 있지만, 철은 세계적인 규모로 생각했을 때 생산량이 상당히 많은 금속입니다. 또한 금은 사람의 욕망을 자극하지만 철은 욕망을 자극하지 않습니다.

금은 그 아름다움 때문에 고대부터 많은 미술품과 장식품으로 가공되었지만 철은 그 자체로는 전혀 아름답지 않습니다. 일본도日本刀처럼 아름다움을 겸한 철기도 드물게 존재하지만, 대개 그것이 만들어진 목적은 어디까지나 미술품이나 장식품이 아닌 실용품에 있습니다. 프랑스 파리의 에펠탑은 '철의 예술'이라고 할 수 있는데, 그것도 철이 아름답다기보다는 디자인이 아름다운 것입니다.

이처럼 오로지 실용으로 일관하는 철의 매력은 무엇보다 '강함'에 있습니다. 인류 최초로 철제 기술을 사용한 것은 BC 15세기경 아나톨리아 반도현재의 튀르키예를 지배한 히타이트족이라는 것이 정설로 되어 있었습니다. 하지만 최근 들어 고고학의 발전으로 히타이트 이전부터 각지에 철기가 존재했다는 것이 확인되었습니나. 다만 초기에 제작된 철기는 정련이 불충분해서 불순물이 많아 충분한 강도를 갖지는 못했습니다. 따라서 히타이트족이 철기 기술을 독점했다는 것은 '제철법'이 아니라 불순물을 제거해 철을 강하게 하는 '정련기술'을 배타적으로 소유했던 것으로 볼 수 있습니다.

이렇게 철기를 만들 수 있게 된 시기는 상당히 오래전이지만, 유럽 역사를 크게 움직일 만한 사건이 일어난 것은 AD 11세기 이후의 일입니다. 11세기경, 유럽에서는 수차水車의 이용이 급속히 확산되는데, 바로 이것이 제철에 비약적인 진보를 가져다줍니다. 제철에는 1천 도가 넘는 고온을 장시간 유지하는 것이 절대적으로 필요한데, 기술이 뒤떨어진 고대에서는 그 정도 고온을 만들어내기가 쉽지 않았습니다. 그래서 이전에는 높이 1미터 정도의 작은 용광로에 풀무를 손으로 누르거나 발로 밟아서 바람을 보내는 방법으로 철을 만들어야 했습니다. 인력으로는 아무리 애를 써도 보낼 수 있는 바람의 양은 빤할 수밖에 없죠. 그런 까닭에 철기의 유용성은 알아도 철의 생산량은 증가하지 않았습니다.

11세기, 수차의 보급은 이러한 문제를 해결했습니다. 수차의 동력을 이용하는 것으로 대량의 바람을 용광로에 불어넣을 수 있게 된 것입니다. 이것으로 용광로의 용량도 크게 키울 수 있게 되었고, 자연스럽게 철 생산량도 비약적으로 증가했습니다.

철 생산량이 늘어난 덕분에 12세기에는 농촌에도 철제품이 보급되어 농기구에 철을 사용하게 되었습니다. 철제 농기구는 땅의 개간을 용이하게 만들어 '중세의 농업혁명'이라 불리는 대약진을 가져다주었습니다.

다음으로 철이 큰 변화를 이루는 것은 18세기입니다. 연소 시의 발열량이 높아 고온을 얻을 수 있는 코크스 사용, 증기기관 발명으로 유럽에서는 양질의 철을 싼값에 대량으로 생산할 수 있게 되었습니다. 18세기부터 19세기에 걸쳐 이루어진 산업혁명은 이러한 제철법의 변화를 배경으로 가속적인 발전을 이루었습니다.

인류 역사에서 철의 공功과 죄罪

지금까지 살펴보았듯이 세계사는 금과 철이 자동차의 양쪽 바퀴와 같은 역할을 하며 움직여왔다고 할 수 있습니다. 인간의 욕망의 상징이라 할 수 있는 '금'이 마음을 부추기고, 그 욕망을 실현하기 위해서 실질적인 힘을 가진 '철'이 이용되었습니다.

금을 갖기 위해 싸우려고 해도 무기가 빈약하면 이길 수 없습니다. 따라서 질 좋은 철을 많이 가진 쪽이 전쟁에서 압도적으로 유리한 것은 당연한 일입니다. 전쟁에서만 철이 중요한 역할을 하는 것은 아닙니다. 농사에서도 농기구가 좋지 않으면 충분한 식량을 생산할 수 없습니다. 배도, 비행기도, 고층

건물도 전부 철이 없으면 만들 수 없습니다.

19세기 덴마크, 오스트리아, 프랑스와의 연이은 전쟁에서 승리함으로써 프로이센 제국을 이룩해낸 오토 폰 비스마르크 Otto von Bismarck는 "큰 문제는 연설이나 다수결이 아닌 '철鐵'과 '피血'를 통해서 결정된다"라는 유명한 연설을 남김으로써 '철혈재상'으로 불립니다. 그의 이 연설은 "철은 국력"이라는 말을 만들어냈고, 부국강병을 내건 당시의 일본에도 큰 영향을 주었습니다. 메이지시대의 일본이 가장 주력했던 것은 '제철소 건설'이었습니다. 근대화는 철이 없으면 시작될 수 없기 때문입니다.

이전에 신일본 제철의 용광로를 견학한 적이 있는데, 엄청난 열을 뿜어내면서 시뻘건 철이 강물처럼 흘러가는 모습이 무척 인상적이었습니다. 그리고 그 박력과 웅장함이 '근대의 개막'을 떠올리게 했습니다. 산업혁명 시의 영국, 통일을 이룬 프로이센 제국, 그리고 메이지의 일본 모두 '철의 시대'라고 할 수 있습니다. 지금은 급속히 도시화가 진행되고 있는 중국이 바야흐로 철의 시대를 맞이하고 있습니다.

덕분에 고도의 경제성장 이후 열기가 식었던 일본의 제철업계도 최근에는 철의 수요가 늘면서 다시 열기를 되찾아가고 있습니다. 그러나 철이 가져다주는 것은 번영만이 아닙니다다. 철은 도시를 만드는 동시에 파괴하기도 합니다. 전쟁에서 사용되는 전차, 기관차, 총기, 거대군함은 모두 철로 만들어집니다. 또한 철은 환경도 파괴합니다. 석탄과 코크스가 연료로 사용되기 전에는 제철을 위해 대량의 삼림이 채벌되었습니다. 중국에서는 16세기에 이미 제철을 하느라 많은 나무를 베어 사막화되기 시작했습니다. 같은 시기 유럽에서도 무적함대를 건조하기 위해 대량으로 철을 생산했던 스페인이 국내의 삼림을 차례로 채벌해 국토의 거의 모든 산이 민둥산이 되어버리기도 했습니다.

코크스의 발명으로 삼림채벌은 멈췄지만 철의 생산량 증가와 함께 이산화탄소 배출량이 어마어마하게 증가했기 때문에 제철은 환경파괴의 요인이 되고 있습니다. 아마도 철이 없었다면 문명은 지금과 같은 놀라운 발전을 이루지 못했을 것입니다. 그러나 그와 동시에 철이 없었다면 지구의 환경이 이 정도로까지 빨리 악화되지도 않았을 겁니다.

산업혁명 이후 인류는 좋은 방향이든 나쁜 방향이든 맹렬한 속도로 역사를 만들어왔는데, 그 강력한 동력이 바로 '철'입니다. 그런 차원에서 볼 때 어쩌면 철이 인류의 역사에서 해낸 역할이 금을 훨씬 능가한다고 말할 수도 있겠습니다.

3

욕망이 사람을 움직인다

브랜드와 도시

Dior JOAILLERIE

PRADA

CHANEL

AU FIL D'HERMÈS HERMÈS PARIS

EMPORIO ARMANI

BOSS HUGO BOSS

Cartier

YVES SAINT LAURENT

역사적으로 보았을 때
문화예술의 중심이었던 곳은 브랜드가 되고,
경제의 중심이었던 곳은
브랜드가 되지 않는 것은
매우 흥미로운 현상입니다.

기호를 소비하는 시대

사람의 욕망을 부추긴다는 의미에서는 세계사에서 '브랜드'도 매우 흥미로운 주제라고 생각합니다. 브랜드는 일종의 기호표상입니다. 브랜드 인기의 측면에서 보면 '실질'보다 '기호'가 우선시되기 때문입니다. 예를 들어 크리스천 디오르, 샤넬, 루이뷔통 같은 명품 브랜드 물건을 구매할 때 가장 중시되는 것이 바로 '로고'입니다. 물건의 품질 자체는 사실 그다지 문제되지 않죠.

프라다 핸드백은 원가를 생각하면 웬만한 사람은 선뜻 지갑을 열지 못합니다. 그럼에도 불구하고 소비자가 가죽으로 된 작은 백 하나에 거액을 기꺼이 지불하는 까닭이 바로 그 '삼각형 로고' 때문입니다. 물론 브랜드가 만들어지는 것은 좋은 물건을 제공했기 때문으로, 그 로고가 품질보증의 증거이기도 하지만 우리가 정말 품질에 대해서만 돈을 지불하는지는 곰곰이 따져볼 필요가 있습니다.

지금의 브랜드 상품은 가격이 지나치게 비쌉니다. 이런 사례의 하나로 들어서 미안하지만, 가령 에르메스 수첩의 경우 속지리필만도 몇만 원에서 시작해 종류에 따라 십만 원 가까이 되는 것도 있습니다. 게다가 사이즈도 독특해서 내키지 않아도 매년 에르메스의 속지를 살 수밖에 없습니다. 하지만 그것이 "에르메스니까"라는 한마디로 용서됩니다. 오히려 비쌀수록 다른 사람이 쉽게 살 수 없기 때문에 자신이 갖고 있는 것이 사회적인 지위로 이어지고, 에르메스의 브랜드 가치도 그만큼 높아지는 구조가 형성되는 것입니다.

그래도 에르메스라면 브랜드로서 전통이 있지만 최근 급성장한 고가의 브랜드들 중에는 품질조차 검증이 안 된 것도 더러 있습니다. 그 까닭은 최근의 '브랜드 전략'이 품질보다는 다른 측면들에 집중하는 경향이 있기 때문입니다.

이러한 브랜드 전략이 성립하는 것은 광고에 의해 기호가 가치를 갖게 되기 때문입니다. 그리고 그것이 프랑스의 현대 사상가 장 보드리야르Jean Baudrillard와 같은 기호론을 주장하는 사람들이 말하는 "우리는 기호를 소비하는 생활에 들어와 있다"는 것을 적나라하게 보여줍니다.

현대에는 거의 모든 것에서 기호를 소비합니다. 예를 들어 일본 텔레비전의 버라이어티 프로그램 가운데 출연한 연예인에게 고가의 물건과 저가의 물건을 맞히게 하는 '등급 매기기' 프로그램이 있었습니다. 이 프로그램을 보면 누구나 자신의 지식과 감각만으로는 품질의 우열을 정확히 가려내기 어렵다는 것을 알게 됩니다. 한 병에 수백만 원을 호가하는 최고급 와인인 로마네 콩티Romanee Conti와 2만 원짜리 싸구려 하우스 와인을 구별하지 못하는 사람이 의외로 많습니다. 이것이 현실입니다.

물론 2만 원짜리 하우스와인이 백 배가량 비싼 로마네 콩티보다 맛있다고 하는 사람도 얼마든지 있을 수 있습니다. 어디까지나 취향의 차이일 뿐이니까요. 단, 그런 사람이 오늘은 특별히 축하할 일이 있으니까 20만 원짜리 와인을 마시자, 라고 한다면 그것은 '기호를 소비'하는 것이 됩니다. 기호를 소비함에 있어서 가격은 문제가 되지 않습니다.

사람들이 '브랜드가 갖는 힘'을 인정하고 그것을 좋아하게 되면 기호는 그 자체로서 실질적인 가치를 갖게 됩니다.

브랜드가 현대사회를 지배한다

브랜드라는 시점으로 역사를 재조명하면 흥미로운 사실을 발견하게 됩니다. 예를 들어 오래전 일본에서 '당唐'은 하나의 브랜드였습니다. '당물唐物'이라는 말이 있는데, 원래는 당나라에 파견되었던 사신이 일본에 갖고 돌아온 '당나라에서 전래된 물건'이라는 의미였으나 차츰 '외래품' 전반을 가리키는 말이 되었습니다. 일본이 최초로 다양한 문물을 구입한 상대가 중국의 당나라였기 때문입니다. 정확히는 당 이전의 수나라AD 581~618년에 사신을 보내 교류했는데, 그 기간이 짧았기 때문에 수라는 이름은 정착하지 않았던 것이죠. 당시의 중국수나라와 당나라은 일본에서 보았을 때 선진국이었기 때문에 그곳에서 가져온 물건은 '당물'이라는 것 하나만으로도 엄청난 브랜드였습니다.

지금 일본인이 사용하는 세계지도는 일본이 중심에 그려져 있습니다. 따라서 일본인은 자신들이 세계의 중심이라고 생각합니다. 하지만 서유럽 중심의 세계에서 본 일본은 'Far East극동'로 표현되듯이 동쪽 끝에 위치해 있습니다. 즉 일본은 세계의 끝에 있는 아주 '먼 나라'입니다. 거리가 워낙 먼 탓도 있지만 에도시대에는 쇄국정책을 폈기 때문에 일본은 근대가 되기 전까지 세계사에 전혀 참여하지 못했습니다.

일본이 유럽에 맨 처음 알려진 것은 마르코 폴로의 『동방견문록』에 의해서입니다. 한데 거기에도 동쪽 끝에 있는 중국이라는 나라보다 더 동쪽에 있는 '황금의 나라 지팡구'라는 이름으로 마치 동화 속 나라처럼 기록되어 있습니다. 당시만 해도 세계의 끝에 있는 일본이 세계를 보기 위해서는 이웃나라인 중국에 의존하는 수밖에 없었습니다. 반대쪽은 다른 나라가 전혀 보이지 않는 망망대해 태평양이니까요.

고립된 위치에 있기 때문에 유일한 창구인 당나라로부터 들어오는 세계의 숨결을 느끼게 하는 물건에 일본인은 흠뻑 매료될 수밖에 없었던 것입니다. 일본인은 지금도 해외 브랜드라면 사족을 못 씁니다. 맨 처음 중국이었던 열망의 대상은 네덜란드와 포르투갈, 또 영국과 프랑스로 시대를 거치며 변화해가는데, 최초에 새겨진 "당물=외래품은 좋다"라는 주술로부터 지금까지도 벗어나지 못하고 있습니다.

그렇다면 세계 속에서는 지금까지 무엇이 '브랜드'가 되어 왔을까요? 중세까지만 해도 중국과 이슬람을 비롯한 동양이 서양에 비해 문화적으로도 뛰어난 것들이 더 많았습니다. 도자기와 실크가 가장 대표적인 사례입니다. 그리고 그것들이 하나의 브랜드가 되었죠. 그런 동양의 물건들에 열광했던 유럽인들이 대항해시대를 열었는데, 산업혁명을 경험하면서 동양과 서양의 입장이 완전히 뒤바뀌어버렸습니다.

스스로 만들어낸 '열망'에 춤추는 현대인

앞에서 얘기했듯이 현대사회에서 브랜드는 하나의 기호가 되어버렸습니다. 본래 브랜드는 독자적인 기술로 키워진 품질로부터 시작하여 독특한 이미지와 품격이 거기에 덧입혀지고, 마침내 모두가 동경하는 그 '무엇Something'이 되는 과정을 통해 완성됩니다. 스페인의 바르셀로나에 가면 사그라다 파밀리아Sagrada Familia 성당이 있는데, 그곳은 언제나 수많은 관광객들로 북적거립니다. 이집트의 피라미드 역시 사람들을 매료시킵니다. 그러나 만일 사그라다 파밀리아 성당이나 피라미드가 다른 곳에 있어도 똑같이 매력적일지는 의문입니다. 브랜드란 지역이나 사람과 분리해서는 성립되기 어렵기 때문입니다.

이처럼 국가적인 관점에서 볼 때 나라의 자산이 브랜드화됨으로써 문화가 유지되는 측면이 있습니다. 이와는 대조적으로 모든 것을 하나로 염색해버리는 브랜드도 있습니다. 바로 맥도날드 같은 글로벌 브랜드가 대표적인 예죠. 맥도날드 브랜드에서는 세계 어느 곳에서든 똑같은 음식이 똑같은 가게에서 똑같은 방식으로 제공됩니다. 어디를 가든지 똑같은 규격의 물건이 제공된다는 것은 한편으로 안도감을 주지만, 다른 한편으로는 눈에 보이지 않는 압력도 느끼게 됩니다. 로컬 브랜드가 거대 자본에 밀려 쫓겨나는 것에 대한 반감이 그런 것이죠. 예를 들어 인도 거리에서 맥도날드를 보면 우리는 조금은 실망하게 됩니다. 맥도날드 자체가 싫은 것은 아닙니다. 오히려 자신의 생활권 안에 체인점이 생기면 좋아할 사람이 아마 더 많을 겁니다. 집 근처에 있는 것은 좋지만 인도에서 만나는 것은 싫다고 우리가 멋대로 생각하는 것은 외부 세계에 대한 동경이 있기 때문입니다. '어디를 가든지 똑같다'로는 재미가 없죠. 사실 이 '외부 세계' '다른 세계'에 대한 열망이 사람의 마음을 부추기고 세계사를 움직이는 힘이 되었습니다.

로마시대의 유럽인에게 동경의 대상이 된 지역은 이집트였습니다. 그래서 클레오파트라는 '이집트의 여왕'이라는 타이틀만으로도 로마인들에게 굉장한 브랜드가 되었죠. 율리우스 카이사르는 클레오파트라와 연인 사이가 된 후 그녀를 로마에 데리고 오는데, 이때 상당수의 로마 시민들이 그녀를 동경에 찬 시선으로 맞이합니다. 클레오파트라는 실제로는 상당히 지적인 여성으로 미모는 그다지 빼어나지 않았다는 설도 있습니다. 그러나 아름다움을 따지기 이전 '이집트 여왕'이라는 타이틀만으로도 그녀는 이미 '절세미녀'라는 브랜드를 갖고 있었던 셈입니다. 이것은 에르메스라는 브랜드만으로 무조건 좋은 것, 화려한 것이라고 생각하는 심리와 같은 맥락입니다.

이집트라는 브랜드는 수천 년의 역사가 빚어낸 것이지만 전혀 아무것도 없는 곳이 사람들의 동경과 열망을 집중시키는 곳으로 브랜드화한 장소도 있습니다. 대표적인 곳이 할리우드입니다. 지금이야 영화의 성지이지만 과거에 그곳은 아무것도 없는 땅이었습니다. 할리우드 영화에는 서해안의 밝고 온화한 기후가 반영되었고, 그 밝은 분위기 속에서 만들어진 영화에 세계인들은 열광하게 된 것이죠. 예를 들어 미국인이 갖고 있는 미녀의 이미지는 할리우드가 만들어낸 것입니다. 비비안 리, 오드리 헵번, 마릴린 먼로 등은 전부 할리우드라는 브랜드가 세계에 제공한 '브랜드 미녀'들입니다.

미국의 생활양식을 만들어낸 것도 할리우드입니다. 할리우드에서 만들어진 영화나 홈드라마에 그려지는 미국의 가정생활은 처음에는 미국인에게조차 동경의 대상이었습니다. 넓은 집에 햇빛이 잘 드는 마당, 집 안에는 최신형 냉장고가 있고, 그 안에는 먹을거리가 잔뜩 들어 있다—. 거실에는 커다란 텔레비전이 놓여 있고 가족은 언제나 농담을 주고받으며 행복하게 미소 짓는다—. 그런 영상이 사람들의 마음에 동경의 대상으로 들어와 자신의 생활양식을 거기에 애써 맞추는 형태로 변하게 되었던 것이죠. 그것은 동시에 신흥 제국 미국의 세계화 전략 가운데 하나이기도 했습니다.

미국의 생활양식을 동경하고 따라 하는 행위는 미국의 물건을 갖고 싶다는 열망으로 이어지기 때문입니다. 즉 미국적인 가치관과 생활양식을 세계에 알림으로써 동경과 선망을 심어주어 세계를 미국 중심으로 바꿔가려는 것입니다. 그래서 할리우드 영화는 세계경제를 미국 중심으로 돌아가게 만들기 위한 첨병 같은 역할을 했다고도 할 수 있습니다.

참고로 영화 이전에 유럽의 첨병 역할을 했던 것은 바로 '교회'였습니다. 코르테스와 피사로가 정복한 직후 중남미에서는 기독교 교회가 많이 세워졌습니다. 아시아를 식민지화할 때에도 현지에 교회를 세우기 위한 선교사들이 가장 먼저 보내졌습니다. 갑자기 무력으로 억압하게 되면 반발이 클 수밖에 없기 때문에 우선 종교로 마음을 돌려놓으려는 것이죠. 사람들이 섬기는 신을 바꿔버리면 그 신의 이름을 이용하여 사람들을 자신에게 유리한 방향으로 이끌고 통제할 수 있기 때문입니다. 현지인에게 좋은 인상을 주기 위해서도 사랑을 설교하는 교회를 두는 것은 효과적이었습니다. 이렇듯 할리우드 영화나 드라마가 맡은 역할은 이 시대의 교회와 같은 것입니다.

세계인들이 동경하는 장소는 시대의 변화와 함께 이동합니다. 예를 들어 불교가 중국에 전해졌을 때 중국인들에게 불교의 발상지인 인도는 가장 매력적인 동경의 대상이었습니다. 현장법사가 온갖 고생을 마다하지 않고 경전을 구하기 위해 천축인도으로 간 것도 그곳이 당시 불교의 '중심center'이었기 때문입니다. 하지만 인도 불교는 시나브로 쇠퇴하고 서구의 식민지로 전락하면서 동경의 땅과는 멀어지게 됩니다.

유럽 내에서도 중심의 이동은 일어납니다. 특히 로마제국의 동서분열 이후, 중심은 뚜렷한 우위 없이 유럽 각지를 전전하다가 15세기 대항해시대 이후에는 그 움직임에 엄청난 가속도가 붙습니다. 15세기부터 16세기에 이르기까지 유럽의 중심은 인도 항로의 개척으로 번영했던 포르투갈과 중남미를 정복한 스페인이었습니다. 당시에는 두 나라 모두 광대한 식민지를 가진 강국이었습니다. 현재 중남미 국가들이 스페인어와 포르투갈어를 사용하는 것은 이 시대에 이 두 나라가 남아메리카 대륙을 지배했기 때문입니다. 그러나 그 중심도 양국의 부를 삼각무역三角貿易, 두 나라 사이의 무역수지가 균형을 잃을 때, 제3국을 개입시켜 불균형을 상쇄하는 무역 방법으로 가로챔으로써 번영을 이룬 영국으로 이동합니다. 그리고 영국은 산업혁명을 겪으며 경제적으로나 정치적으로 모든 나라 위에 군림하는 대영제국으로서 세계의 중심이 됩니다.

세계사를 큰 흐름으로 이해할 때 국가의 번영을 '중심의 이동'으로 인식하는 것은 매우 중요합니다. 버블경제가 붕괴로 이어지기 전까지 일본은 세계경제의 중심이었던 행복한 시기를 경험합니다. 하지만 지금 경제의 중심은 일본이 아닙니다. 일본인은 경제 축에 있어서 중심의 이동으로 극심한 불안감에 떨고 있습니다. 과거의 스페인과 포르투갈이 맛보았고, 그 두 나라를 비참한 지경에 빠뜨렸던 영국 역시 새로운 강자인 미국에 중심을 빼앗김으로써 맛보아야 했던 자국의 쇠퇴……. 영국인과 일본인들은 지금 자신에게서 '중심'이 빠져나가고 있다는 상실감, 기울어가는 나라에 살고 있다는 불안감에 적잖이 고통스러워하고 있습니다.

근대까지는 경제적 발전이 곧 문화적인 발전을 의미했습니다. 그런 까닭에 세계의 중심도 명확했습니다. 하지만 근대 이후로 접어들면서 경제적 중심과 문화적 중심이 나뉘게 됩니다. 19세기 경제의 중심은 영국의 런던이었고, 같은 시기의 문화의 중심은 프랑스 파리였습니다. 따라서 그 시대의 저명한 예술가는 대부분 파리에 모여 있었습니다. 스페인의 피카소,

이탈리아의 모딜리아니, 일본의 후지타 쓰구하루藤田嗣治 등이 모두 파리로 건너가 공부하고 활약했습니다. 파리 이전 예술의 중심은 피렌체로 대표되는 이탈리아였습니다. 그리고 지금 문화예술의 명실상부한 중심은 뉴욕입니다.

문화예술의 중심은 경제의 중심과는 다릅니다. 문화예술의 경우, 그 중심이 떠나도 선명한 발자취를 남기게 됩니다. 하지만 경제의 중심이 다른 곳으로 이동하면 그곳에 남겨진 사람들은 쇠퇴와 몰락으로 인한 우울감을 맛보게 됩니다. 문화예술의 중심이었던 곳에는 품격 있는 건조물과 명화, 예술과 문화의 향기라는 유산이 남아서 사람들은 이전의 영광을 긍지로 여기며 살아갈 수 있습니다. 로마, 피렌체, 파리, 빈과 같은 문화적, 예술적 중심을 경험한 장소가 지금도 세계적인 관광지로서, '동경의 땅'으로서 사람들에게 인기를 모으는 것은 그런 문화적인 유산이 남아 있기 때문입니다.

역사적으로 보았을 때 문화예술의 중심이었던 곳은 브랜드가 되고, 경제의 중심이었던 곳은 브랜드가 되지 않는 것은 매우 흥미로운 현상입니다.

무리 짓는 본능, '도시화'

사람은 뭔가 일이 있으면 모이고 싶어 합니다. 사람이 모이는 장소로서 가장 대표적인 것이 도시입니다. 그런 의미에서 세계사를 '도시'라는 관점에서 보는 것도 중요합니다.

도시는 외적으로부터 사람과 물건을 보호하기 위해 성벽도시로 발전했습니다. 무엇보다 안전성을 중시한 것이죠. 개인적으로는 주위를 높은 벽으로 둘러쳐서 그 안쪽에 의도적으로 '번잡함'을 만들어냈던 것이 아닐까 하는 생각도 합니다. 왜냐하면 인간은 본성적으로 떠들썩하고 화려한 곳에 가고 싶어 하는 속성을 갖고 있기 때문입니다.

일본은 인구에 비해 영토가 좁다 보니 사람들이 도쿄를 비롯한 대도시에 지나치다 싶을 정도로 집중되어 있습니다. 평일 낮 시간의 경우 전체 일본 인구의 약 10퍼센트가 도쿄에 머문다는 통계도 있습니다. 이렇듯 인간이 도시에 집중하게 됨으로 인해 도시의 번영은 곧 국가의 번영으로 이어집니다.

원래 문명의 탄생은 사람이 많이 모인 곳에서 물건을 교환하는 것, 즉 도시화로부터 시작됩니다. 물건과 정보 교환이 번잡함을 만들어내므로 그곳에 필요한 것은 '다양성'입니다. 다양성을 가진 사람과 물건이 한 장소에 모임으로써 화학반응이 일어나듯 새로운 문화가 탄생하고, 그 문화가 더 많은 사람들을 끌어모음으로써 도시는 성장합니다. 따라서 떠들썩한 도시는 이전 당나라의 '장안'이든 예술의 도시 '파리'든 지금의 '뉴욕'이든 다양한 사고방식을 갖고 있는 서로 이질적인 문화를 향유하는 사람들이 여러 장소로부터 모여드는 공간입니다.

인간은 단순히 먹는 것만으로는 만족할 수 없는 존재입니다. 먹는 일이 전부라면 먹을거리를 얻을 수 있는 넓은 땅에서 사는 것이 훨씬 낫겠죠. 하지만 실제로는 고양이 이마처럼 좁은 장소밖에 얻을 수 없는 도시로 경쟁하듯 몰려듭니다.

왜 사람들은 부나비처럼 도시로 모여들까요? 거기에는 화폐 문제가 큰 역할을 합니다. 또한 많은 사람이 모인 곳에서 만들어지는 화려함과 즐거움, 다양성, 그리고 그런 환경에서 생겨나는 유행에 대한 강한 욕구가 있기 때문입니다. 사람들로 발 디딜 틈도 없이 붐비는 테마파크에 가면 '줄 서지 않고 타면 좋겠다'는 생각을 하게 되는데, 실제로 텅 빈 테마파크에 가면 반갑기는커녕 오히려 외롭다는 느낌을 갖기 쉽습니다.

이러한 인간의 심리가 지방 출신자들을 도시로 몰아내어 도시화를 만들고 인구의 밀집화와 과소過疏화를 초래하는 것입니다. 지방에서 도시, 특히 도쿄 같은 대도시로 갈 경우 도시의 삶에 대한 강한 열망도 있지만, 동시에 낯선 지역에 대한 까닭 모를 두려움이 생기고 주눅도 들기 마련입니다. 그래도 '가고 싶다, 한번쯤 그곳에서 살아보고 싶다' 하는 기분이 그런 두려움을 억누르죠. 그만큼 '도시'의 매력은 강력합니다.

물론 도시에 가면 생활은 어렵습니다. 여간해서는 집도 장만하기 어렵고, 일도 힘들고, 스트레스도 심하고, 환경오염 문제도 심각합니다. 그래서 급기야 왜 이런 고생을 사서 할까, 하는 후회도 생깁니다. 월급이야 지방에 비해 많겠지만 그만큼 물가도 비싸서 생활수준은 전혀 나아지지 않습니다.

전원생활은 다소 불편한 점이 있더라도 지방의 시내 정도면 웬만한 것이 다 갖춰져 있어 생활에 큰 불편함을 느끼지 않습니다. 그러나 그곳에는 도심의 화려함과 떠들썩함이 만들어내는 번잡함이 없습니다. 대도시의 거리는 '불야성不夜城'이라는 단어로 표현되는데, 마치 축제와 같은 번잡함이 항상 지속됩니다. 이러한 일종의 축제 상태가 만들어내는 번잡함은 대도시만이 갖고 있는 매력입니다. 그리고 사람들은 미친 듯이 불빛을 향해 몰려드는 부나비처럼 대도시로 몰려듭니다.

우리는 '사람이 있는 곳에 가고 싶다'는 본능적인 욕망을 갖고 있습니다. 동물이 무리를 짓듯 하나의 생물로서 욕구와 새로운 자극을 원하는 인간의 욕망을 대도시가 충족시켜줍니다. 이런 욕망이 세계사를 움직이는 원동력이 되었습니다.

2 MOD

ERNISM

[모더니즘이라는
멈추지 않는 열차]

서양 근대화의 힘

1

근대화의 힘은 어디에서 비롯되었는가?

근대 이후 서양에서는

인간이 신처럼 완전히 자유로운 존재가

되고 싶다는 생각이 '좀 더, 좀 더'라는

서구적인 기질의 채찍을 맞으며

거세게 달려갑니다.

딜레마의 근대화

우리는 하루하루 다양한 형태로 압력을 느끼며 살아갑니다. 특히 미국과 유럽으로부터의 압력은 감당하기 어려울 정도입니다. 다람쥐 쳇바퀴 돌듯 틀에 박힌 생활을 하는 우리에게 날마다 들려오는 소식은 미국이 어쨌다, EU가 어쨌다, 그래서 국내 정치와 경제가 심각한 영향을 받고 있다, 하는 것들입니다.

그들, 앵글로색슨족을 중심으로 한 백인문화가 전 세계 사람들에게 가하는 압력의 총량은 우리의 상상을 훨씬 뛰어넘습니다. 어쩌면 전 지구적인 이슈가 되고 있는 이산화탄소 문제보다 더 심각할지 모릅니다. 따지고 보면 애당초 산업화로 인해 막대한 양의 이산화탄소를 방출하기 시작한 것도 미국과 유럽 국가들이었기 때문에 그 문제 역시 백인사회가 전 세계에 가하는 압력의 일종이라고 할 수 있습니다.

한데 우리는 어째서 미국과 유럽으로부터 그토록 강한 압력을 느끼며 살아야 하는 걸까요? 그 '힘'은 도대체 어디서, 어떻게 생겨난 걸까요? 이 질문에 명쾌하게 답할 수 있고, 그 본 모습을 제대로 읽어낼 수 있다면 '근대화'의 본질 또한 정확히 꿰뚫어 볼 수 있습니다.

유럽에서 시작해 전 세계로 확대해나간 근대화란 무엇일까요? 일본을 예로 들어보겠습니다. 일본인은 강력한 쇄국정책으로 오랜 세월 쥐 죽은 듯 잠자고 있었습니다. 그러다가 이웃 중국에 유럽 국가들이 본격적으로 간섭하기 시작하고, 급기야 영국이 아편전쟁을 일으켜 온통 시끄럽게 구는 바람에 억지로 잠이 깨고 말았습니다.

그렇게 타자에 의해 흔들려 깨어 어쩔 수 없이 미국과 유럽의 문화를 받아들이며 대항하다 보니 어느새 이쪽도 그들의 침략 방식을 배워 이웃 나라들에 심각한 피해를 주는 꼴이 되어버리고 말았습니다. 그러고 보면 근대화란 녀석은 이렇게 하든 저렇게 하든 좋은 결과는 나오지 않는 하나의 거대한 '딜레마' 그 자체인지도 모릅니다.

이산화탄소 문제 역시 본질적으로는 근대화와 다른 문제라고 생각하지 않습니다. 그로 인해 생활이 편리해질수록 환경이 파괴되고 인류를 파멸로 이끌 수밖에 없는 딜레마를 안고 있다는 점에서 그렇습니다. 세계를 시끄럽고 복잡하게 만드는 문제의 대부분은 이러한 근대화의 딜레마에 뿌리를 두고 있습니다. 이 근대화를 만들어낸 유럽이란 무엇인가를 알아보는 것이 세계를 소란스럽게 만든 비밀을 푸는 데 도움이 되는 하나의 중요한 힌트가 될 수 있습니다.

근대문명의 딜레마를 만들어낸 '가속력'

'유럽이란 무엇인가?' 하는 질문에 정확히 대답할 수 있는 사람이 과연 얼마나 될까요? 유럽의 본질을 제대로 이해하기 위해서는 먼저 그 '기둥'이 되는 것을 알아야 합니다. 그렇다면 유럽의 기둥은 무엇일까요? 내가 가르치는 학생들에게 이런 질문을 하면 누구 하나 시원스럽게 대답하는 사람이 없습니다.

유럽의 기둥은 고대 그리스 로마입니다. 좀 더 구체적으로 말하면 고대 이집트를 포함한 그리스 로마, 즉 지중해 문명이 유럽의 출발점이자 원천입니다. 이집트는 아프리카 대륙에 속하는 나라로서 유럽이 아니라고 생각하는 사람도 있을 겁니다. 그러나 로마시대의 이집트는 그리스 북쪽에 위치한 마케도니아 계의 그리스인이 세운 프톨레마이오스Ptolemaeos 왕조이므로 인종적으로는 분명한 유럽계입니다. 또한 아프리카 대륙이라고는 해도 바다 하나만 건너면 바로 로마입니다. 바다 건너라고 하니까 멀게 느껴질 수도 있지만, 카이사르와 클레오파트라가 서로 오가며 사귀었을 정도니까 상당히 가까운 거리라고 할 수 있습니다.

지중해는 문명의 요람입니다. 지중해를 에워싸듯이 다양한 문명이 탄생했을 뿐 아니라 그 문명들이 서로 충돌하고 발전하면서 하나의 거대한 용광로가 되어 다른 문명들을 집어삼키는 과정에서 유럽의 원형이 만들어진 것입니다. 그렇게 탄생한 지중해 문명의 특징은 '시간이 갈수록 점점 더 가속력을 가질 수밖에 없다'는 것이었습니다. 지중해 문명을 통합하는 형태로 생성된 로마제국의 그칠 줄 모르는 확장에 그러한 특징이 잘 나타나 있습니다. 그래서 유럽이 지중해 문명으로부터 필연적으로 이어받은 이 '가속력'이 근대문명의 딜레마를 만들어냈다고 생각합니다.

지금 세계의 모든 나라들은 근대화가 만들어낸 가속력에 쫓기고 있습니다. 라이트 형제가 인류 최초로 발동기가 달린 비행기로 비행59초 동안에 243.84미터에 성공한 것이 1903년의 일입니다. 그리고 아폴로 11호가 우주공간을 38만 킬로미터 이상 이동해 달에 착륙한 것이 1969년입니다. 인간이 하늘을 처음 날기 시작해 달에 발을 내딛기까지 불과 66년밖에 걸리지 않은 것입니다. 이 그칠 줄 모르는 '좀 더, 좀 더'라는 압박이 바로 미국과 유럽으로부터 생겨난 압력의 정체입니다.

근대유럽의 원천이 된 민주정치

일본인이 세계사에 어두운 이유는 무엇일까요? 그중 하나는 일본이 세계사의 무대에 비교적 늦게 등장했기 때문입니다. 일본이 세계사에 본격적으로 등장한 것은 19세기 중반에 이르러서입니다. 그전까지만 해도 세계 역사를 기록한 문헌들에서 일본은 그 모습을 거의 찾아볼 수 없습니다. '황금의 나라 지팡구'와 같은 환상을 차치하고 보면 일본은 놀랄 만큼 오랫동안 세계사에서 거의 존재감이 없는 나라였습니다.

물론 지금이야 경제대국으로서 상당한 존재감을 가진 위치에 있는 것이 사실입니다. 그러나 따지고 보면 그것도 메이지유신明治維新, 19세기 메이지 왕 때 막번체제를 무너뜨리고 왕정복고를 이룩한 변혁 과정 —옮긴이을 통해 서양근대 열강의 반열에 가까스로 낄 수 있었기 때문에 가능했던 일입니다. 만일 그때 우왕좌왕하다가 서양화에 한 발짝 뒤처지기라도 했다면 아마 일본은 지금까지도 세계사 밖으로 저만치 밀려나 있었을지도 모릅니다.

이것은 바꿔 말하면, 근대화를 대표하는 '가속화'라는 유럽적 특성이 세계사를 이끌어왔다고 할 수 있습니다. 그리고 그런 유럽의 특징은 고대 그리스 로마를 기본으로 하고 있습니다. 세계사를 정확히 통찰하기 위해 고대 그리스와 로마를 먼저 알아야 하는 이유가 여기에 있습니다.

고대 그리스를 이해하는 매우 중요한 키워드 중 하나로 '직접민주정치'를 들 수 있습니다. 직접민주정치는 민주주의의 원형 같은 것으로, 주민이 대표자를 통하지 않고 소속된 공동체의 의사결정에 적극적으로 참여해 자신의 의사를 반영시키는 정치 형태입니다. 고대 그리스에서는 BC 8세기경부터 '폴리스'라는 도시국가가 세워졌는데, 그중에서도 스파르타와 아테네가 막강한 힘을 갖고 있었습니다. BC 5세기경, 아테네는 국민에 의한 직접민주정치를 실현합니다. 물론 당시에는 노예제도도 존속했고, 주민 전부가 참정권을 갖고 있었던 것도 아니어서 지금의 민주주의와는 본질적으로 차이가 있습니다. 게다가 여성의 경우 아예 투표권이 없었을 뿐만 아니라 남성도 시민권을 가진 사람만 직접민주정치에 참여할 수 있었으며, 시민에도 엄격한 계급이 존재했습니다. 그래도 2천 년도 훨씬 더 전에 투표로써 공동체의 의사를 결정하는 의회제 민주주의 장치를 만들어냈다는 것은 그야말로 대단한 일이라고 할 수 있습니다.

그렇다면 고대 그리스 이전의 나라들은 어떤 정치 형태를 갖고 있었을까요? 이전 일본의 천황도 그렇지만 많은 고대국가들은 '왕국'으로, 종교적 권위까지 한 손에 거머쥔 왕을 중심으로 한 절대 군주정치가 이루어졌습니다.

군주정치의 기반이 되는 왕의 권위는 무력과 종교적 권위, 이 두 가지에 의해 유지되었습니다. 국민에게 왕은 신과 같은 존재로, 신을 섬기듯 왕을 받들어야 했습니다. 이러한 종교적 권위를 기반으로 한 군주정치의 가장 전형적인 모델은 고대 이집트입니다. 이집트의 왕인 '파라오'는 신의 화신인 동시에 군軍의 최고지휘관이었습니다.

물론 그리스에도 신화가 있었고, 사람들은 그 신들을 믿었습니다. 하지만 그리스에서 종교와 실제 정치는 완전히 분리되어 있었습니다. 그리스의 뒤를 이어 지중해 세계의 패자가 된 로마도 그리스와는 약간 형태는 다르지만 나름의 방식으로 민주주의를 계승합니다.

전설에 따르면, 로마는 트로이 귀족의 자손인 로물루스Romulus가 BC 8세기 무렵 이탈리아 반도 한가운데에 세운 도시국가라고 전해집니다. 처음에 로마는 왕을 세우고 받드는 군주국가였는데, 이 왕의 임기는 종신제였습니다. 매우 특이한 것은 세습에 의해서가 아닌 민회의 선거로 선출된 자가 왕이 되는, 상당히 민주적인 형태를 유지했다는 점입니다.

그 후 BC 509년에 로마인들은 왕을 몰아내고 공화정으로 시스템을 바꿉니다. 공화정하의 로마에서는 귀족 중에서 임기 1년의 집정관콘술, consul이 선거에 의해 두 명 선출되어 군민의 최고위직으로서 정치를 담당했습니다. 동시에 귀족의 고위공직 경험자 3백 명이후에 6백 명으로 확대으로 구성되는 원로원이 존재했는데, 이들은 집정관을 지도하는 위치에 서서 막강한 결정권을 갖고 정치에 적극 관여했습니다.

공화정 시대는 카이사르의 독재를 거쳐, BC 27년 옥타비아누스Octavianus가 원로원의 승인을 얻어 '아우구스투스Augustus'의 칭호로 황제의 자리에 오르기까지 거의 5백 년 가까이 지속됩니다. 로마가 세력을 넓혀 제국으로 발돋움한 뒤에도 3세기에 이르기까지는 공화정의 전통을 중시한 원로원과 황제에 의한 공동통치 형태인 '원수정元首政, Principatus'이 이루어집니다. 이 시대가 '팍스 로마나Pax Romana, BC 1세기 말부터 약 2백 년간 지속된 로마의 평화'로 로마제국이 가장 번영했던 시기입니다. 그 후 로마는 AD 284년 황위에 오른 디오클레티아누스Diocletianus 이후 전제군주화되면서 제국도 붕괴합니다.

대략적으로 그리스 로마의 민주주의의 흐름을 살펴보았는데, 아시아에서는 이러한 형태의 민주주의가 끝내 발생하지 않습니다. 유럽이 아시아에 민주주의라는 사상을 가져오기까지 아시아는 왕정이 이어집니다. 일본도 메이지시대에 이르러 의회에 민주주의가 도입되었지만 세계사의 흐름과 비교하면 매우 늦은 감이 있습니다. 유럽에서는 기원전부터 민주주의가 싹텄는데, 일본은 19세기에 들어서서야 겨우 민주주의를 경험하게 된 것입니다.

지금까지 살펴본 것처럼 많은 사람이 민주주의를 근대사회의 특징으로 생각하는데, 그 뿌리는 고대 그리스 로마에 있었습니다.

중세를 상징하는 '카노사의 굴욕'

BC 399년, 고대 그리스의 철학자 소크라테스는 독이 든 잔을 받아들고 담담히 죽음을 맞이합니다. 그가 독이 든 잔을 마시게 된 것은 재판에서 사형을 선고받았기 때문입니다. 말하자면, 소크라테스에 의해 자신들의 주장이 철저히 논파되어 망신을 당한 사람들의 분노와 질투심이 그를 죽음으로 내몬 것인데, 그 배경에는 그리스 민주주의가 무너진 중우정치衆愚政治, 민주정치의 타락한 형태를 이르는 말가 있었습니다.

그리스에서 민주주의가 제대로 기능한 때에는 '지知'를 매우 중요하게 생각했습니다. 당연하게도 합리적이고 냉철한 사

고대 그리스(아테네) 민주정치와 로마 공화정치의 발달

아테네

BC 8세기 중반
왕정에서 귀족정치로 이행
(경제 활성화, 유복한 평민이 나타나다)

BC 7세기
귀족 드라콘에 의한 성문법 제정
(귀족의 자의적인 법 집행 방지)

BC 6세기 초반
솔론의 개혁(시민의 노예화를 막기 위해
부채장부 삭제 등의 시책)
페이시스트라토스에 의한 참주정치
(농민에 대한 토지배분으로 자립적 시민 육성)

로마

BC 509년
전제적인 왕을 추방,
귀족공화정으로

BC 450년경
12표법 제정
(로마 최초의 성문법)

BC 367년
리키니우스－섹스티우스법
(집정관 한 사람을 평민 중에서 뽑기로 결정)

BC 287년
호르텐시우스법(평민회의 의결이
원로원의 승인 없이 국법으로)

고방식은 수학, 물리학 등 다양한 분야에서 중시되었죠. 그중에서도 특히 아테네 같은 도시국가에서는 논리적인 치밀함과 명철함을 내세워 한 치의 양보도 없이 날카롭게 경쟁하면서도

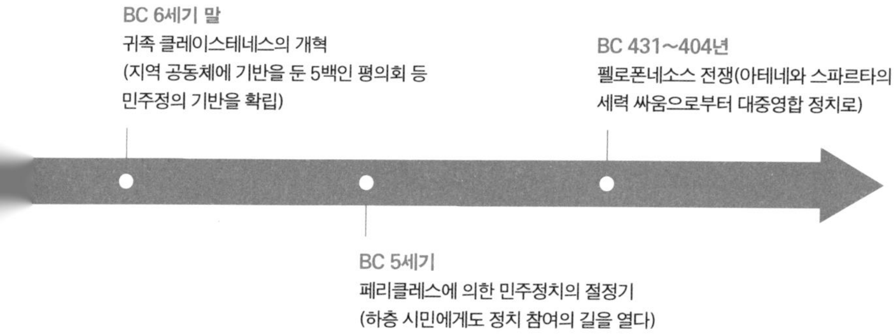

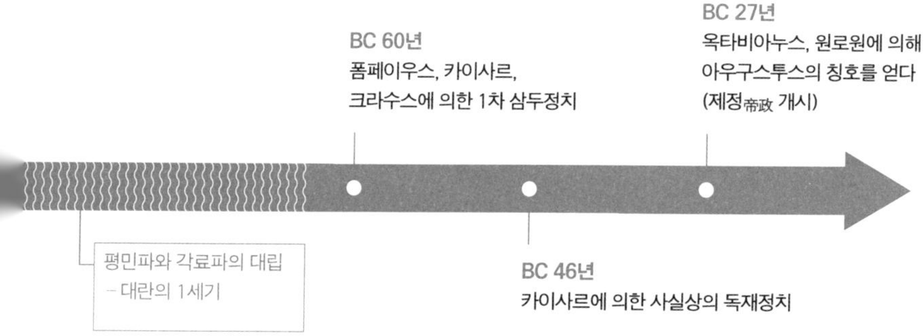

서로의 차이를 인정하는 풍조가 확립되어 있었습니다. 그런 논리적인 명철함과 합리성을 중시하는 고대 그리스의 가치관이 엄청난 힘으로 키워져 서양의 근대화를 재촉함으로써 결국

전 세계를 지배하게 됩니다.

그런데 이러한 서양을 만들어낸 거대한 에너지가 자취를 감추는 시대가 나타납니다. 그것은 기독교, 특히 가톨릭교회가 지배하는 '중세'라는 시대입니다. 중세는 서양이 가사상태에 빠진 듯한 인상을 주는 시대입니다.

로마제국이 융성했던 시대에 로마인은 사실상 거의 전 세계를 지배했다고 해도 과언이 아닙니다. 팍스 로마나, 즉 세계제패를 이룬 것이죠. 그런데 그 로마가 AD 392년에 기독교를 국교로 채택하면서 제국의 주인이 황제에서 신, 혹은 그 대리인인 교황으로 옮겨갑니다. 이것으로 고대 그리스 로마에서는 서로 명확히 분리되어 있던 종교와 정치가 하나로 뒤엉키게 됩니다. 게다가 기독교의 신은 오직 하나뿐인 절대자이자 창조주이기 때문에 인간이 발을 딛고 있는 현실세계보다 영적 세계가 훨씬 차원이 높다고 인식하게 됩니다. 이러한 분위기 아래에서 자연스럽게 인간의 합리성과 명석함, 노력해서 무언가를 만들어내는 자유로운 발상과 창조력이 모두 억압받게 됩니다.

그로 인해 세계사에서 중세로 구분되는 시기, 구체적으로는 5세기 후반 서로마제국의 멸망부터 15세기까지의 약 1천년 동안 유럽은 거의 변화가 없다시피 한 일종의 가사상태에 빠집니다. 당연하게도 이 시대에 세계사의 주역은 유럽이 아닙니다. 거세한 수고양이처럼 얌전해진 유럽을 대신해 세계사의 명실상부한 주인공이 된 것은 뒤에서 자세히 설명할 이슬람 세계와 아시아의 몽골제국입니다.

이 기나긴 중세의 침묵을 깨뜨리는 계기, 억압된 유럽의 가속성이 폭발하는 것이 '르네상스'와 '종교개혁'입니다. 인간은 신의 종으로서 새로운 것은 아무것도 만들어낼 수 없다, 뭔가를 만들어내는 것은 신의 역할일 뿐, 인간이 함부로 모방해서는 절대 안 된다, 그래서 교만해진 인간이 제멋대로 무언가를 만들어내지 않도록 신의 대리인인 교회가 관리해야 한다—. 이것이 중세시대에 흐르는 일반적인 감성이었습니다.

세계사를 공부한 사람이라면 누구나 '카노사의 굴욕'이라는 말을 한번쯤 들어보았을 겁니다. 세계사의 여러 사건들을 몽땅 잊어버린 사람도 이것만은 기억이 날 정도로 강렬한 인상을 주는 말이니까요. 카노사의 굴욕은 1077년 교황에 맞서다가 파문당한 신성 로마제국의 황제 하인리히 4세가 교황이 머물던 북이탈리아의 카노사 성에 찾아가 사흘간이나 눈 속에서 떨며 사면을 청했던 유명한 사건입니다. 이 사건은 로마황제가 가진 세속적인 권력보다 교황의 종교적인 권력이 당시에는 우세했음을 보여줍니다. 기독교의 엄격한 규율을 강요하는

로마 가톨릭 교회의 강대화

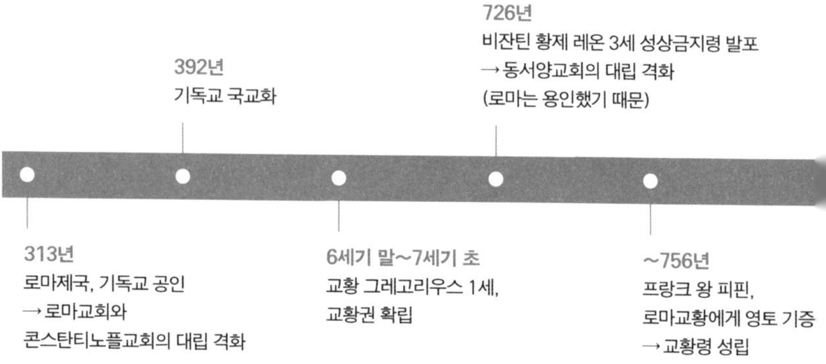

교황 그레고리우스 7세와 국내의 성직자 임명권을 가졌던 로마 황제 사이에서 일어난 성직 임명권 투쟁이 계기가 되었습니다. 그 본질을 한마디로 규정하자면 "누구든 불만을 말하는 자는 파문을 당할 것이다"라고 교황이 종교적인 권위를 방패 삼아 황제를 협박한 것이지요.

이상한 것은 무력을 가진 황제가 어째서 교황 앞에 무릎까지 꿇어야 했는가 하는 점입니다. 제후들에게 명령해서 힘으로 교황을 밀어내면 간단할 텐데, 왜 그렇게 하지 않았을까요? 그 이유는 단순합니다. 제후들 중에는 황제보다 교황 편에 서는 사람이 더 많았던 것이지요. 이러한 배경에서 비록 황제가 무력을 갖고는 있지만, 성스러운 세계의 통치자에게 세속 세

800년
교황 레오 3세, 프랑크 왕국
카롤루스 대제에게 로마황제의 관을 수여
→ 서로마제국의 부활

1075년
교황 그레고리우스 7세,
교황권의 지상성을 선언
→ (성직) 서임권 투쟁 격화

1077년
카노사의 굴욕
→ 교황권의 우월성을 나타냄

1122년
보름스 협약으로 타협,
교회가 서임권을 쥠

이러한 흐름을 거쳐
11세기 말~13세기 초에
교황권은 절정에 달했다.

계의 통치자가 감히 맞설 수 없다는 구도가 만들어지고 중세 시대를 통해 계속 이어집니다.

근대가 미우니까 기독교까지 밉다

중세라는 가사상태가 지속되는 가운데 서양에서는 다시 인간의 자유와 주체성을 부활시키려는 움직임이 활발하게 일어나기 시작합니다. 그것이 바로 르네상스인데, 이 시기에 단번에 유럽이 바뀔 수 있었던 것은 고대 그리스 로마라는 근사한 원형 및 본보기가 있었기 때문입니다. 다시 말해, "그때로 돌아가자" 하는 명확한 모델이 있었기 때문에 그 위대한 도전이 실현 가능했던 것입니다. 모든 일이 그렇습니다. 뭔가를 이루고자 할 때 명확한 모델이 없으면 꾸준히 밀고나가 마침내 확실하고도 극적인 변화를 이루어내기 어렵습니다.

르네상스는 14~16세기의 이탈리아를 중심으로 일어난 문화운동으로 '재생'이라는 의미를 갖고 있습니다. 즉 신교회이 무겁게 짓눌렀던 중세로부터 벗어나는 전환기의 운동Movement인 것입니다.

르네상스 시대에는 고대 그리스 로마가 갖고 있던 인간의 자유로운 생명과 생생한 창조력을 무엇보다 중시했습니다. 중세의 예술은 움직임이 적고 밋밋한 인상을 주는 것들이 많은데, 르네상스 시대가 되면 똑같이 종교를 주제로 한 작품에서도 역동적인 분위기와 강렬한 인간미가 나타납니다. 그리고 종교적인 작품뿐 아니라 고대 그리스의 조각과 문헌에서 자극을 받아 순수하게 인간의 육체가 가진 아름다움이 주목받게 됩니다.

"인간은 아름답다, 인간은 멋지다" 하는 의식이 살아나 인간이 앞서는 시대, 종교와 세속 사이의 부등호가 역전하는 시대가 도래하게 된 것입니다. 르네상스는 지금도 조금씩 형태를 바꾸면서 계속되고 있습니다. 예를 들어 서유럽과 이슬람이라는 대립구도는 일반적으로 기독교와 이슬람교라는 종교적 대립으로 인식되는 경향이 있습니다. 그러나 실제로는 그렇지 않습니다. 세계사적으로 보면 이슬람교는 다른 종교에 대해 관용적입니다. 예수도 '신의 아들'로까지는 인정하지 않지만 위대한 예언자 중 하나로 받아들입니다. 그럼 무엇이 그토록 격한 양자의 대립을 만들어낸 걸까요?

『이슬람 대 서유럽의 근대』라는 책의 저자인 가토 히로시는 이슬람이 서유럽에 대해 느끼는 위화감의 핵으로서 '세속 대 종교'라는 구도가 엄연히 존재한다는 점을 시사합니다. 다시 말해 이것은 이슬람이 왜 서유럽을 미워하느냐 하는 이야기입니다. 그것은 기독교와 근대가 유럽에서 하나가 되어버렸기 때문입니다. 기독교는 전 세계로 확대된 세계적인 종교인데, 순수하게 종교로서 전파되었다기보다는 근대화라는 유럽의 기질과 하나가 된 형태로 확산되어간 것입니다.

여기에 더해 정교분리政教分離의 서유럽과 정제일치政祭一致의 이슬람이라는 대립구도가 만들어졌습니다. 즉, 이슬람이 서유럽을 미워하는 근원은 신보다 인간을 중시하는 근대문명에 대한 반발심에 있다고 해도 지나친 말은 아닙니다. 그 결과 근대가 싫으니까 유럽도 싫다, 유럽이 싫으니까 기독교도 싫다, 하는 의식의 흐름이 형성된 것이죠.

근대라는 시대는 중세와 비교하면 압도적으로 인간을 중시하는 인간중심주의 시대입니다. 중세가 신이 지배했던 시대라면 근대는 인간이 '우리는 무엇이든 할 수 있다'는 자신감을 가진 시대라고 할 수 있습니다. 그러나 그것도 20세기 후반에 이르러 근대에 대한 재인식이 이루어지면서 바뀌기 시작했습니다. 말하자면 '근대는 너무 낙천적으로 성장을 믿었던 게 아닐까' '근대화가 추진되는 과정에서 인간은 자신이 해방되었다고 생각했지만, 사실 그 과정에서 관리당하고 권리를 침해당해온 것은 아닐까' 하는 의문이 생기게 되었습니다.

이러한 의문에서 출발하여 "근대modern에는 한계가 있었다.

인간은 더욱 자유로워져야 한다"라고 주장하고 나온 것이 포스트모던post modern입니다. 중세에서 근대로 이어지면서 인간은 상당히 자유로워졌다고 생각했는데, 곰곰이 돌아보니 근대의 합리정신하에 사회는 거대한 관리 시스템이 되어버렸습니다. 따라서 기능주의, 합리주의만 추진해서는 안 된다, 그러한 반성에서 출발하여 탈脫근대를 지향함으로써 인간은 더욱 자유로워질 수 있다고 주장하는 것입니다.

근대 이후 서양에서는 인간이 신처럼 완전히 자유로운 존재가 되고 싶다는 생각이 '좀 더, 좀 더'라는 서구적인 기질의 채찍을 맞으며 거세게 달려갑니다.

2

자본주의는
기독교로부터 생겨났다

진정한 권력은

그 시대의 '지식을 독점'하는 것입니다.

당시 유럽 세계에서 가장 중요한 것은

바로 신에 대한 지식이었습니다.

'신의 용서'를 파는 교회

세계 각국에 심대한 영향을 끼친 근대화라는 거친 파도의 원류는 그리스 로마에서 생겨나 중세에서 긴 휴식을 거친 뒤 르네상스와 종교개혁을 거쳐 노도와 같이 세계를 덮칩니다. 그렇다면 왜 근대화는 르네상스 이후 급격히 확산되었을까요? 그 수수께끼를 푸는 열쇠는 '종교개혁'에 있습니다.

16세기 유럽에서 종교개혁이 일어난 배경에는 기존 교회에 대한 불만과 비판의식이 있었습니다. 즉 교회라는 방해자가 버티고 있기 때문에 우리는 진정한 신에게 다가가고 싶지만 그럴 수 없다, 하는 인식입니다. 당시의 교회는 '신의 대리인'이라는 입장을 내세워 신을 독점하고 있었던 것입니다.

어떻게 그런 일이 가능했을까요? 신의 말씀을 담은 성서가 라틴어로 기록되었기 때문입니다. 종교인을 포함한 당시의 극소수 지배층을 제외한 대부분의 사람들이 라틴어를 읽을 수 없었던 것이죠.

독일의 종교개혁은 마틴 루터가 교회의 면죄부 판매를 정면으로 비판한 데서부터 시작됩니다. 면죄부Indulgence란 "돈을 내면 죄를 경감해줍니다" 하는, 교회가 대중을 상대로 발행한 일종의 증명서 같은 것입니다. 원래 이 면죄부는 십자군에 종군한 병사에게 주어진 일종의 '상賞'이었습니다. 십자군은 11세기 말에서 12세기 후반에 이르기까지 지속적으로 활동한 토벌군으로, 이슬람교도에게 빼앗긴 기독교 성지 예루살렘을 탈환하는 것이 가장 큰 목적이었습니다.

그러나 무슨 일이든 일부에게만 혜택을 베풀면 거기에 속하지 못한 다른 사람도 수혜를 누리고 싶어지는 것이 당연한 이치입니다. 따라서 여러 가지 형편상 종군할 수 없었던 사람들 가운데 "합당한 기여를 할 테니 우리에게도 면죄부를 내어달라"는 목소리가 일어나기 시작합니다. 그러자 교회도 돈이 되는 장사를 마다하지 않았습니다. 그런 식으로 면죄부를 본격적으로 발행하고 판매하기 시작했던 것입니다.

하지만 어떠한 상황에서도 종교가 절대로 해서는 안 되는 일이 있는데, 면죄부 판매가 바로 그런 일이었습니다. 당시의 교회가 어느 정도 사업적인 면을 갖고는 있었지만, 그렇다고 해도 '신의 용서'를 돈벌이 수단으로 삼은 것은 결코 용서받을 수 없는 죄악인 것입니다.

1517년 루터는 〈95개조의 논제〉라는 의견서를 교회에 제출하는데, 거기에서 그는 다음과 같이 면죄부 판매를 정면으로 비판합니다.

> 만일 교황이 베드로 교회당에 소비될 썩어질 금전으로 인하여 수없이 많은 영혼을 구원한다고 할 것이면 이것도 구실에 불과하지만 어찌하여 가장 정당하다고 볼 수 있는 이유, 즉 거룩한 사랑과 영혼들에게 최고의 안식이 되는 연옥을 비우지 않는가?

루터가 면죄부를 비판한 것은 당시 교회가 갖고 있었던, 신과 인간과의 중개자로서의 자격을 스스로에게 부여하며 저질렀던 철저한 위선과 부도덕함을 폭로한 것입니다.

'신의 언어=권력'의 철옹성을 무너뜨린 종교개혁

루터는 이러한 위선적인 교회의 지배로부터 벗어나기 위한 구체적인 방안으로 "성서를 민중의 손에"라는 대담한 구호를 내걸고 교회 지배의 근간이 되는 성서의 독점을 무너뜨리기 위해 안간힘을 씁니다. 그러한 노력의 일환으로 시작한 것이 바로 성서의 독일어 번역입니다.

대다수의 민중이 이해하지 못하는 라틴어가 아닌, 누구나 읽고 이해할 수 있는 모국어독일어로 번역하여 성도가 언제 어디서나 성서를 가까이할 뿐만 아니라 스스로 읽고 이해할 수 있도록 하려 했던 것입니다. 이것은 20세기 프랑스의 철학자 미셸 푸코Michel Foucault가 지적했듯이 "언어의 독점이 권력의 독점으로 이어진다"라는 것을 여실히 보여줍니다.

우리는 권력이라고 하면 막강한 군대를 손아귀에 넣고 민중을 원하는 대로 다스리거나 거대 자본을 장악한 뒤 시장을 통제하는 일 따위를 주로 떠올립니다. 그러나 진짜 권력은 그런 것과는 약간 거리가 있습니다. 진정한 권력은 그 시대의 지식을 독점하는 것입니다. 당시 유럽 세계에서 가장 중요한 것은 바로 신에 대한 지식이었습니다.

예컨대, 중세 이전 고대 그리스 로마에서는 철학이 모든 학문의 중심이었습니다. 그러던 것이 중세가 되면서 기독교에 대한 지식, 즉 신학이 가장 가치 있는 지식으로 자리 잡게 됩니다. 그 지식의 원천인 성서를 독점했기 때문에 교회는 다른 모든 것들을 지배할 수 있었던 것입니다.

당시 성서는 교회에서 사제가 읽어주는 것이었습니다. 따라서 일반인은 성서의 내용에 대해서는 전적으로 사제의 말을 믿을 수밖에 없었습니다. 성서가 라틴어로 쓰여 있는 것이 교회에게는 권력을 지키는 '방패'가 되었던 것이지요.

교회는 알고 민중은 모른다―. 이것이 바로 중세시대 유럽의 교회와 사람들의 위상의 본질이었습니다. 거기에는 수평적인 대화도 변증법적인 사고의 다이너미즘도 끼어들 여지가 전혀 없었습니다.

상대가 말하는 것테제, 명제과 대립하는 것안티테제, 반대 명제을 이야기하고, 그 모순을 극복하기 위해 다양한 의견을 내는 가운데 한 차원 더 높은 개념이 생겨난다진테제, 합명제―. 그런 대화를 통해 새로운 논리와 지식이 만들어지는 다이너미즘이 변증법적인 구도의 핵심입니다. 그리고 그것이야말로 고대 그리스 철학특히 소크라테스이 주목한 '지知'라고 할 수 있습니다.

한데 이러한 경향이 중세시대가 되자 급격히 퇴조한 것입니다. 중세의 교회와 민중은 서로 입장이 대등하지가 않습니다. 그런 까닭에 애초부터 수평적인 대화가 성립할 수 없는 것입니다. 신에게 다가가기는커녕 신의 대리인인 교황이나 사제와 대화조차 불가능한 것이 그 시대의 냉혹한 현실이었습니다.

민중은 신의 말을 일방적으로, 그것도 교회를 통해 들을 수밖에 없었습니다. 그러한 지식의 독점이 교회의 위선적인 권력 구조의 온상임을 간파하고 민중에게 지知를 되돌려주려고 한 것이 루터의 종교개혁의 본질입니다. 그러나 종교개혁이 이루어지면 교회는 권력은 물론이고 스스로의 존재 기반까지 몽땅 잃어버리게 되죠. 그것을 명확히 알고 있었기 때문에 교회는 마침내 루터를 파문할 수밖에 없었던 것입니다.

가톨릭의 '느슨함'을 잃어버린 프로테스탄트

신과 일대일로 마주한다는 것은 성서를 통해 신 앞에 직접 자신을 드러내는 일이기도 했습니다. 사실 이것은 상상 이상으로 매우 엄격하고 고통스러운 일이었습니다. 그런 까닭에 종교개혁으로 교황이나 사제의 간섭 없이 신과 직접 마주할 수 있게 된 것은 한편으로는 좋았지만, 다른 한편으로는 신 혹은 예수과 일대일 대면이라는 엄격함과 중압감에 짓눌려 정신병에 걸린 사람도 적지 않았습니다.

가톨릭교회가 지배했던 중세시대는 모두가 일종의 종교적인 병에 가볍게 걸려 있는 상태였습니다. 종교개혁에 의해 탄생한 프로테스탄트신교의 세계에서는 개인으로서 신과 마주하지 않으면 안 됩니다. 따라서 개인이 신 앞으로 거칠게 내몰릴 수밖에 없습니다. 게다가 그것은 '금욕'과 세트를 이루기 때문에 그 중압감이란 상상을 초월하는 것이었습니다.

우리가 잘 알고 있듯이 기독교는 기본적으로 성욕을 금지합니다. 하지만 교회가 민중을 지배하던 중세에는 표면적인 교리 및 원칙과 달리 실제 시행에 있어서는 꽤나 느슨한 편이었습니다. 중세의 성욕에 대한 느슨한 통제는 14세기 이탈리아의 작가 조반니 보카치오Giovanni Boccaccio의 『데카메론』에 여실히 드러나 있습니다. 한데 프로테스탄트는 가톨릭이 갖고 있던 이러한 '느슨함'을 버렸습니다.

19세기 영국의 빅토리아 왕조를 필두로 한 프로테스탄티즘의 전통이 강한 유럽사회에서는 공공장소에서 성에 관해 발설하는 것이나 성적인 행위를 일절 금지하였습니다. 그런 성적 도덕관념은 신분이 높아질수록 더욱 엄격해서 상류층에 속한 여성들은 철저한 금욕생활을 강요받았습니다. 그래서인지 상류층 여성들에게 '히스테리' 증세가 자주 나타났지요.

빅토리아 왕조 시대에는 여성들의 히스테리가 너무도 심해서 그 원인을 프로이트를 비롯한 여러 정신분석학자들이 본격적으로 연구하고 분석할 정도였습니다. 그들이 내놓은 연구결과에 따르면, 그 시대에 나타났던 여성들의 집단 히스테리가 '금욕'에 의한 엄격한 억압 때문이라고 합니다. 인간은 본성상 성을 지나치게 억제하거나 자제하면 정신적으로 크게 영향을 받을 수밖에 없습니다.

중세 가톨릭교회는 이혼에 대해서는 꽤나 까다롭고 말도 많았는데, 그에 비해 성에 대해서는 퍽 개방적이었다는 인상을 줍니다. 실제로 가톨릭교도가 상대적으로 많은 이탈리아나 스페인의 경우 프로테스탄트 신자가 더 많은 독일이나 영국에 비해 성에 대해 관대한 편이고 상당히 여유가 있어 보입니다.

니콜라스 케이지가 주연한 영화 〈코렐리의 만돌린Captain Corelli's Mandolin, 2001〉이라는 영화가 있습니다. 이 작품에서는 가톨릭적인 관대함과 프로테스탄트의 엄격함이 절묘하게 잘 대비되어 상징적으로 그려집니다.

이 영화는 이오니아해의 케팔로니아섬에서 제2차 세계대전 중 독일 나치스가 이탈리아 병사 9천 명을 학살한 '케팔로니아 대학살'을 소재로 이탈리아 병사와 섬 아가씨의 사랑을 그리고 있습니다. 전쟁 중, 미국과 영국을 주축으로 하는 연합국 측인 그리스에 추축국樞軸國, Axis-Powers, 제2차 세계대전 당시 미국, 영국, 프랑스 등의 연합국과 대립한 여러 나라들이 형성한 국제동맹을 가리키는 말로 독일, 이탈리아, 일본 세 나라가 중심 중 하나인 이탈리아가 침공합니다. 그런데 이탈리아 병사들은 참혹한 전쟁 중에도 쾌활함을 잃지 않아 주인공 코렐리 대위는 만돌린을 들고 섬 주민에게 "같이 노래하고 춤추자"라고 권하기까지 합니다. 이탈리아군은 악기뿐 아니라 여성들까지 데리고 와서 아침부터 밤늦은 시간까지 모래사장에서 노래를 부르고 춤을 추며 술을 마십니다. 적국에 주둔하여 통치하는 군대의 모습은 전혀 찾아볼 수 없을 정도입니다.

그리스를 점령한 군대에는 이탈리아군 외에 적지 않은 수의 독일군도 섞여 있었습니다. 1943년, 이탈리아가 연합군에 항복하자 이 두 나라의 군대는 순식간에 적대관계로 바뀌게 되고 독일군은 과거의 동맹인 이탈리아군에게 무기를 넘겨줄 것을 요구합니다. 그러나 이탈리아군 중 대다수가 이에 저항하고, 독일군이 이탈리아 병사를 무참히 학살하는 사건으로 번지고 맙니다.

영화에서 독일병사는 자제심과 자율성이 강한, 즉 쾌락을 좇지 않는 인간으로 그려집니다. 물론 일상생활에서의 그런 강한 도덕관념이 잔혹한 살상 행위에는 아무런 긍정적인 영향도 미치지 못합니다. 도덕관념 자체는 좋은 것이지만, 그것도 지나치거나 잘못된 방향으로 발전하게 되면 부도덕함 못지않게 다른 사람에게 상처를 줄 위험성을 안고 있는 것입니다.

가톨릭과 프로테스탄트가 지배하던 유럽사회를 색깔로 표현해보는 건 어떨까요? 프로테스탄트의 엄격한 세계는 아마도 '흑백세계'에 비유할 수 있을 것입니다. 그에 반해 가톨릭이 지배하던 중세 사회는 '암흑세계로 표현할 수 있지만, 그래도 나름의 색깔을 갖고 있었다'고 할 수 있을 것입니다.

종교개혁 이전의 중세는 민중들이 교회에 의해 억압을 당한 시대, 즉 '암흑의 중세'로 인식되지만 실생활에서는 느슨한 면도 많았습니다. 16세기 플랑드르의 화가 피터르 브뤼헐Pieter Bruegel의 작품을 보아도 그림 속에 등장하는 사람들은 매우 인간적인 모습을 하고 있습니다. 어른들은 거리낌 없이 술을 마시고, 장난스런 표정으로 상대의 엉덩이를 만지기도 합니다. 아이들은 아무 근심 없이 즐겁게 뛰어놀지요.

그에 반해 프로테스탄트의 금욕주의는 매우 엄격했습니다. 그러니 그런 시대 배경하에서 여성의 히스테리가 늘어가는 것도 당연했을 겁니다.

베버가 꿰뚫어 본 자본주의 탄생의 비밀

자본주의는 그런 엄격함을 가진 프로테스탄트의 세계를 중심으로 확대됩니다. 한데 왜 자본주의는 하필 프로테스탄트의 나라들에서 활짝 꽃을 피웠을까요? 이 의문에 대해 명쾌하게 답한 책이 있습니다. 19세기 말에서 20세기 초에 걸쳐 활약한 저명한 사회학자이자 경제학자였던 막스 베버가 쓴 『프로테스탄트 윤리와 자본주의 정신』이 그것입니다.

이 책에 따르면, 근대적 자본주의는 루터 뒤에 등장하는 칼뱅 신학을 받아들인 나라들에서 발전했다고 합니다. 확실히 네덜란드, 영국, 미국과 같은 칼뱅주의의 영향이 강한 나라에서는 자본주의가 발달한 데 반해 이탈리아나 스페인 같은 가톨릭 국가나, 같은 프로테스탄트 국가라 하더라도 루터주의가 강한 독일에서는 상대적으로 자본주의가 뒤처졌지요. 베버는 이 책에서 이러한 현상은 결코 우연이 아니라고 주장합니다. 그에 따르면, 칼뱅이 역설한 '예정설'과 자본주의의 속성이 서로 밀접한 관계가 있기 때문이라는 것입니다.

칼뱅의 예정설에 따르면, 신은 구제할 인간을 사전에 결정합니다. 그리고 그것은 신의 결정이기 때문에 아무리 선행을 쌓아도 바꿀 수 없습니다. 노력과는 상관없이 태어날 때부터 결과가 정해져 있다면 힘써 노력해봤자 소용없다는 생각에서 염세적이 되기 쉬울 것 같지만, 사실은 그렇지가 않습니다. 바로 이 점이 예정설의 신기한 점입니다. 왜 그럴까요? 오히려 칼뱅파 프로테스탄트들은 남보다 더 열심히 일하고 선행을 쌓기 위해 애를 씁니다. '전능하신 신이 끊임없이 선행을 이루는 인간을 구제하지 않을 리 없다'는 신에 대한 굳건한 신뢰 때문입니다. 왠지 앞뒤가 맞지 않는 것 같지만 그들은 금욕적인 생활을 하고, 열심히 일하고, 부단히 선행을 베푸는 것으로 자신은 구원받아야 할 인간이라는 확신을 얻는 것입니다.

선행 중에서도 일을 하는 것은 그들에게 특별히 중요한 의미를 갖습니다. 프로테스탄트는 세속의 직업을 신이 각자에게 부여한 소명으로 생각했고, 노동이야말로 '신의 영광을 더하는 것'이라고 생각했기 때문입니다. 즉 그들은 직업을 '소명召命, Beruf'으로 받아들이며 평생 일하는 것이 신에 대한 봉사라고 생각했습니다. 따라서 누구보다 열심히 일했고, 당연하게도 그만큼 많은 돈을 벌어들일 수 있었습니다. 게다가 프로테스탄트는 금욕을 중시하고, 불필요한 곳에 돈을 쓰는 것을 싫어할 뿐 아니라 악착같이 저축하며 돈을 모았기 때문에 눈덩이처럼 부가 늘어갔습니다.

그렇다면 그런 소명으로 모은 돈은 어디에, 어떻게 사용되었을까요? 아무리 큰돈을 모아도 프로테스탄트는 자신을 위해 소비하는 것을 극도로 자제했으므로 돈을 쓸 수 있는 길은 하나뿐이었습니다. 즉 일을 확대하는 것인데, 현대적인 개념으로 말하자면 '투자'인 셈입니다. 그리고 그러한 투자가 계속 확대재생산되면서 기하급수적으로 부가 늘어가는 것입니다. 그것이 바로 자본주의 탄생의 모체이자 메커니즘이 되었다는 것이 베버의 생각입니다.

미국의 성공도 프로테스탄트의 정신을 배제하고는 생각할

수 없습니다. 건국 당시의 미합중국을 대표하는 인물이었던 벤저민 프랭클린Benjamin Franklin은 이 정신의 대표자로서 그의 근면하고 성실한 삶은 대중에게 모범이 되었습니다.

좋든 싫든 지금의 세계는 자본주의가 이끌어가고 있습니다. 그러나 지금도 자본주의가 가속시킨 근대화를 받아들이지 못하는 나라가 있습니다. 사실 그들이 받아들이지 못한 것은 자본주의의 구조나 시스템 그 자체라기보다는 자본주의를 지탱해온 성실함과 근면함, 합리성modern입니다.

이렇듯 자본주의는 우리가 생각하는 것 이상으로 서양적인 근대화의 압력과 절묘한 쌍을 이루고 있습니다.

3

경시된 근대의 '신체'

근대는 신체 감각 중에서
시각이 우위에 서는 시대입니다.
그것이 '보다—보여지다'라는 구조를
극대화시켜서 '보는 자'가 '보여지는 자'를
지배하는 사회를 만들었습니다.

데카르트의 '방법적 회의懷疑'에 대한 회의

"나는 생각한다, 고로 나는 존재한다"라고 주장하는 두 사람이 섹스를 할 경우

나는 '신체'를 중요한 연구 주제 중 하나로 삼고 있습니다. 한데 근대화 과정에서 인간이 필연적으로 맞닥뜨릴 수밖에 없는 심각한 딜레마 중 하나로 '신체에 대한 경시'를 들 수 있습니다. 예를 들어 "의심할 수 없이 확실한 것은 무엇인가?" 하는 물음에 대해 근대철학의 시조인 데카르트는 "나는 생각한다, 고로 나는 존재한다Je pense donc je suis"라고 대답합니다. 이 명제는 라틴어 "코기토 에르고 숨Cogito ergo sum"으로도 잘 알려져 있는데, 세상의 모든 것이 불확실하고 의심스러우나 의심하고 있는 내가 존재한다는 사실은 의심할 수 없고, 그래서 자신은 지금 여기에 있다, 하는 것이 그의 주장입니다.

이 명제를 완전히 부정하고 싶지는 않지만, 그것이 모든 철학 사고의 출발점이라는 데 대해 나는 동의하지 않습니다. '자신의 존재를 실감하기 위해 반드시 그런 절차를 거치며 생각해야만 하는 걸까?' 하는 의문이 들기 때문입니다.

자신이 이곳에 존재하고 있다는 것이 과연 '생각한다는 사실' 때문일까요? 내가 지금 이곳에 있다는 것을 생생히 실감하게 되는 것은 생각할 때보다는 몸을 통해 구체적으로 느낄 때입니다. 몸에 힘이 넘쳐나고 온몸 구석구석 피가 돌 때 '아, 내가 정말 이 세상에 살아 있다!' '내가 지금 이곳에 존재하고 있다' 하고 느끼는 것이죠.

데카르트의 '나'는 신체를 배제합니다. 그러나 우리는 만질 수 있고 느낄 수 있는 분명한 신체를 가진 존재입니다. 그것은 단순히 동물적인 의미는 아닙니다. 물론 인간은 의식을 가진 존재이고, 더 나아가 영혼의 소유자이지만 의식과 영혼은 인간의 한 부분일 뿐 그 자체로 인간은 아닙니다. 따라서 나는 데카르트식 인간관에는 의문을 제기하지 않을 수 없습니다. 내가 그렇게 느끼는 것은 아마도 일본이라는 나라가 신체적인 감각, 신체적인 지혜를 소중히 해온 역사를 갖고 있기 때문인지도 모릅니다.

일본에는 지금도 세계적인 기술자, 그것도 수작업 기술자인 장인이 많습니다. 그들이 갖고 있는 정밀한 기술 감각은 신체의 지혜 가운데 하나입니다. 그런 지혜는 말로 표현하거나 전달할 수 없습니다. 신체를 사용해 감각을 키워야만 배울 수 있죠. 물론 그런 수작업도 뇌를 통해 이루어지지만 그것은 "나는 생각한다, 고로 나는 존재한다" 하는 뇌의 사용방식과는 확연히 다른 것입니다.

신체적인 지혜를 중시하는 세계에서는 언어말를 중시하지 않습니다. 흔히 "남자는 입이 무거워야 한다"라고 하는데, 그 근저에는 남자는 입을 가볍게 놀려서는 안 되고 묵묵히 무술을 수련해야 한다는, 신체를 중시하는 일본적인 문화가 존재합니다.

그러나 서양의 근대에서는 신체의 감각보다 생각하는 것, 즉 정신활동이 중시됩니다. 데카르트의 "나는 생각한다, 고로 나는 존재한다"라는 말을 떠올릴 때면 머리만 커다란 '가분수 인간'의 이미지가 느껴집니다. 내게는 그것이 부자연스럽고 조금은 억지스럽게도 느껴지는 것입니다.

데카르트의 '방법적 회의조금이라도 의심스러운 것은 모두 거짓으로 보고 전혀 의심할 수 없는, 절대적으로 확실한 것이 남을 때까지 의심하는 방법'라는 문맥에서는 일탈하지만, "나는 생각한다, 고로 나는 존재한다"라는 말에서 느껴지는 부자연스러움, 이렇게 생각하는 인간들끼리 섹스를 할 경우를 상상해보면 조금은 더 명확히 이해가 될 겁니다. "나는 생각한다, 고로 나는 존재한다"라고 말하는 두 사람이 섹스를 하기는 매우 어렵습니다. 육체가 어디에 있는지 알 수 없기 때문이죠. 섹스는 신체적인 감각으로 상대의 상태를 파악해 이렇게 하면 이렇게 느낄 것이다, 하고 오감을 사용해 교류하는 것으로 둘 사이에 어떤 교감의 끈이 만들어지는 것이라고 할 수 있습니다. 머리만 존재한다면 이러한 교류는 절대로 일어날 수 없습니다.

이런 '신체적인 커뮤니케이션'은 섹스를 할 때만 이루어지는 특별한 것은 아닙니다. 평범한 대화를 통해서도 많은 정보를 주고받습니다. 우리는 보통 대화는 말만 주고받는 것이라고 생각하는데, 사실 정보의 60~70퍼센트는 상대의 표정, 목소리, 말의 리듬, 억양과 같은 신체적인 정보를 통해 얻습니다. 한데 신체가 갖는 지혜를 중시한 일본에서도 서구화가 진행되면서 차츰 신체적인 지혜를 잃어가고 있습니다. 나는 그런 신체적 능력이 떨어진 것과 식품의 유효기간 관리 시스템이 서로 밀접한 관계가 있다고 봅니다. 그런 관점에서 볼 때 최근 유효기간에 대해 갈수록 엄격해지는 것은 자신의 신체감각을 믿을 수 없게 되었다는 증거인지도 모릅니다.

나는 그런, 근대화 속에서 잃어버린 신체적인 지혜를 되찾고 싶은 생각에 '신체'를 주제로 소리를 내고, 온몸을 움직이고, 호흡하는 강의를 하고 있습니다.

원근법이 근대에 발명된 이유

정신mind과 신체body를 나누어, 신체에는 가치가 없다고 판단하는 근대적인 사고방식에는 기독교, 특히 프로테스탄트의 금욕적인 가르침이 들어 있습니다. 즉 근대의 신체 경시풍조 역시 기독교적인 가치관의 연장선상에서 생겨난 것입니다. 근대에 들어서면서 신체는 인간이 오랜 옛날부터 갖고 있던 인식으로부터 상당히 멀어지게 됩니다.

한데 이 시기에 딱 하나 우위에 섰던 신체감각이 있습니다. 바로 '시각'입니다. 근대는 감각적인 것, 특히 촉각적인 것의 가치가 떨어지는 한편 시각만은 상당히 중시됩니다. "장님 코끼리 만져보듯 한다"는 말이 있습니다. 앞을 못 보는 사람들이 코끼리가 어떤 동물인지 알기 위해 각자 코끼리를 만져보았는데, 코를 만진 사람은 코끼리는 길고 부드러운 뱀 같다고 하고, 다리를 만진 사람은 두껍고 단단한 나무 같다고 하였습니다. 각자 자신이 만진 부분만으로 코끼리를 인식하고 판단함으로 인해 코끼리의 본질에 대한 이해에서 벗어나듯 아둔한 사람은 자신이 본 일부만으로 전체를 판단함으로써 인식의 오류를 낳을 수밖에 없다는 의미입니다.

근대의 시각 우위에는 이와 비슷한 면이 있습니다. 즉 '촉각은 시각보다 뒤떨어진다. 만져서 얻어지는 것은 부정확하지만 시각으로 얻는 것은 정확하다'는 사고방식입니다. 그런 시각우위의 절정이 바로 '원근법Perspective'입니다. 원근법은 눈에 비친 입체적인 상象을 평면에 정확히 복사하기 위한 기법으로, 어느 한 점에서 선을 방사형으로 그어 그 선에 맞춰 사물을 그려서 눈에 보인 것과 같은 비율의 상을 평면에 재현하는 것입니다.

중세 회화에는 원근법이 없습니다. 원근을 나타내는 데는 멀리 떨어져 있는 인물을 가까이 있는 인물의 뒤에 가려지도록 그리는 기법이 사용되었습니다. 먼 것은 작게, 가까운 것은 크게, 또 먼 것은 색채나 윤곽이 흐리게, 가까운 것은 또렷하게……. 이처럼 눈에 보이는 그대로를 그리는 원근법이 하나의 기법으로 완성된 것은 르네상스 시대에 접어들어서입니다. 이 시기에 완성된 원근법은 레오나르도 다빈치의 〈최후의 만찬〉에도 사용됩니다.

15세기에 그려진 다빈치의 〈최후의 만찬〉은 이탈리아 밀라노에 있는 산타 마리아 델레 그라치에 성당의 식당에 그려진 벽화입니다. 500년도 더 전인 그 시대에, 그렇게 커다란 벽에 어떻게 정확한 원근법으로 그림을 그렸는지가 오랫동안 풀리지 않는 수수께끼로 남아 있었습니다. 한데 벽화 복원 작업

과정에서 벽의 한 점에 구멍을 뚫고 그곳에서 분필 가루 같은 것을 묻힌 끈을 당겨 벽에 정확한 선을 그어서 그렸다는 것이 밝혀졌습니다. 언젠가 17세기 화가 베르메르Johannes Vermeer의 명화 〈우유 따르는 여인〉을 볼 기회가 있었는데, 그 그림에도 원근법을 구사하기 위한 작은 구멍이 뚫려 있었습니다. 원근법은 그림의 세계에서는 분명 하나의 획기적인 발명인 동시에 르네상스 시대가 성취한 위대한 해방이었습니다. 원근법은 '인간의 시점으로 본 그대로가 좋다'는 긍정적인 관점이기 때문입니다.

원근법을 사용하지 않은 중세의 그림은 밋밋하고 현실감이 없습니다. 원근법이 사용되면서 비로소 평면이라는 2차원의 세계가 우리가 살고 있는 3차원의 세계로 묘사되기 시작합니다. 또 원근법이 사용된 그림에는 수학적인 비율이 만들어내는 정연한 아름다움이 있습니다. 따라서 원근법을 빼고 근대 회화를 논할 수 없다고 해도 과언이 아니게 된 것이죠.

원근법이 이 시기에 유럽에서 발명된 것은 우연이 아닙니다. 그것은 인간의 시점으로 '본다'는 것이 세계를 파악하는 방법으로서 인정을 받기 시작한 르네상스 시대에 어울리는 기법인 것입니다. 또한 원근법으로 상징되는 시선의 우위성은 근대에 있어 일관된 원리이기도 합니다.

'시선'을 지배하는 자가 세상을 지배한다

푸코의 『감시와 처벌』

중세에서 '성서'라는 지식을 지배하는 것이 모든 것을 지배하는 권력으로 이어졌듯이 근대에서는 '시선'을 지배하는 것이 권력으로 이어집니다. 우리는 잘 의식하지 못하지만 시선에 의한 지배는 지금도 계속되고 있습니다. 그 가운데 하나가 바로 '인공위성'입니다.

우리는 위성항법장치인 GPS나 위성방송 등을 편리하게 사용하면서도 그 본질은 제대로 알지 못하고 있습니다. 인공위성이 가진 힘은 우리가 생각하는 것 이상으로 어마어마합니다. 첨단기술의 눈부신 발달로 지금은 인공위성을 통해 세계의 어느 곳이나 한눈에 감시할 수 있습니다. 냉철하게 생각해보면 이것은 참으로 무서운 일입니다. 만화 『고르고 13』세계를 무대로 의뢰자를 대신해 살인 등을 저지르는 냉철한 킬러 이야기 ―옮긴이을 보면 인공위성이 가진 위험성을 실감할 수 있습니다. 이 책에는 인공위성에서 보내오는 화상을 관리하는 한 기술자가 "신의 시력을 손에 넣었다"라고 말하는 장면이 있습니다. 이것은 인공위성과 현대 첨단기술의 본질을 꿰뚫는 말입니다. 인공위성을 통해 감시하면 세계 어느 곳에서 누가 무엇을 하는지, 누구를 만나는지 손바닥 보듯 알 수 있습니다. 그리고 그런 정보를 얻는다는 것은 사람을 지배할 수 있음을 의미합니다.

저쪽에서는 이쪽이 보이지만 이쪽에서는 저쪽을 볼 수 없는 관계에서 노출되는 사람은 절대적으로 불리할 수밖에 없습니다. 자신의 일거수일투족이 노출되고 감시당하는 사람이 상대에게 지배당하는 것은 너무도 당연한 것입니다. 물론 근대에 인공위성은 존재하지 않았습니다.

프랑스의 철학자 미셸 푸코는 『감시와 처벌:감옥의 탄생』이라는 책에서 근대의 인간들이 빠져 있는 '보다-보여지다'라는 지배 구조를 날카롭게 분석합니다. 이 책에는 원형감옥인 파놉티콘Panopticon이 등장합니다. 파놉티콘은 '모두pan'를 '보다-opticon'라는 뜻을 가진 단어로, 이 감옥이 가진 특성인 '일망감시 시스템'을 상징합니다.

파놉티콘이라는 개념을 맨 처음 생각해낸 것은 영국의 철학자 제레미 벤담Jeremy Bentham인데, 그것은 무서울 만큼 합리적인 감시 시스템을 갖춘 형무소입니다. 참고로 벤담은 "최대 다수의 최대행복"이라는 말로 유명한 공리주의 철학자입니다.

파놉티콘에는 우선 감시탑이 한가운데 있고, 그 감시탑을 둘러싸듯 도넛 모양의 수용동이 세워져 있습니다. 건물은 투명한 유리를 끼운 독방으로 되어 있고, 그곳에 죄수가 한 명씩

수감되어 있습니다. 감시탑은 어두운 데 반해 죄수들의 방은 불이 켜져 있어 환한 까닭에 죄수들은 감시탑에 있는 사람에게 일거수일투족이 노출되는 상태가 됩니다. 죄수는 감시탑이 어둡기 때문에 그곳에 사람이 있는지 없는지 도무지 알 수가 없습니다. 즉 죄수들은 감시탑의 내부가 전혀 보이지 않기 때문에 더욱 감시자의 눈길을 의식할 수밖에 없죠.

이렇게 되면 감시탑에 감시자가 있든 없든 상관없습니다. 이 감옥은 나름대로 합리성과 효율성의 바탕 위에 지어진 것이 사실입니다. 그러나 감시원이 없어도 유지될 정도라면 지나치게 효율적이라고 할 수 있습니다. 24시간 동안 감시자의 눈을 의식하는 죄수는 조금이라도 이상한 행동을 할 수 없게 됩니다. 그리고 더 나아가 중앙의 탑을 향해 기도를 드리는 죄수까지 나타납니다.

보이지 않는 감시자에게 기도를 한다―. 이것은 감시하는 쪽이 '신'이 되어간다는 뜻입니다. 노출되는 쪽은 자신의 일거수일투족이 고스란히 드러난다는 사실 때문에 점점 더 수동적이 되어가고 고통스러워집니다. 그러다가 차라리 상대를 신으로 숭배하는 것이 마음 편하다고 느끼게 되는 것이죠. 결국 죄수들은 감시자가 없어도 있다고 생각하게 되고, 일방적인 시선을 자신 안에서 내면화해 정착시켜버리는 것입니다.

subject라는 단어는 '복종'과 '주체'라는 상반되는 두 가지 의미를 갖고 있습니다. 여기에서 복종하는 주체가 생겨납니다. 그런데 이와 유사한 일은 일상에서도 일어납니다. 예를 들어 대학에서 시험을 볼 때 "나는 잠깐 자리를 비우지만 이 카메라 영상을 다른 방에서 모니터로 보니까 절대 커닝하지 말도록" 하고 말하면 실제로는 다른 방에서 감시하지 않아도 학생들은 커닝을 하지 않습니다. 그리고 그사이에 커피를 마시러 다녀올 수도 있습니다. 무서운 지배방식이죠.

이밖에도 잔소리가 심한 어머니 밑에서 성장한 아이는 어머니가 그 자리에 없어도 '이런 행동을 하면 엄마한테 혼난다' 하며 어머니의 시선을 내면화해버려 스스로 자신의 행동을 규제하게 됩니다. 자신을 규제하기 위해 어느 정도 그런 시선을 내면화하는 것은 나쁘지 않지만, 정도가 지나치면 자유로운 사고를 할 수 없게 되고 수동적인 사람이 됩니다.

심리학자인 프로이트의 연구대상자 가운데 다니엘 슈레버라는 편집증 환자가 있었습니다. 그는 전직 판사인 우수한 인재였는데, 42세 즈음부터 편집증 증세가 시작됩니다. 그 원인은 유아기 때의 엄격한 아버지의 교육에 있었다고 합니다.

슈레버는 『한 신경병자의 회상록』을 출간해 프로이트 이후의 많은 학자들이 분석 대상으로 삼았는데, 그 가운데 '영혼

살해Soul Murder'를 다루는 부분은 매우 인상적입니다. 그 책에 의하면, 언젠가 그는 "자신의 눈꺼풀을 난쟁이가 열고 닫는다"라는 이상한 고백을 했다고 합니다. 한데 그의 성장과정을 꼼꼼히 조사해보니 놀랍게도 아버지가 그에게 했던 행동과 직접적인 관련이 있었다고 합니다.

슈레버의 아버지는 독일의 유명한 교육학자로, 사랑하는 아들을 너무 열심히 교육시킨 나머지 정도正道를 벗어나게 됩니다. 아들이 졸지 못하도록 눈꺼풀을 잡아당기는 기계와 등을 바로 펴게 하는 기계를 만드는 등 육체적, 정신적으로 그를 학대하는 교육을 합니다. "난쟁이가 눈꺼풀을 열고 닫는다"라는 것도 말만으로는 의미를 알 수 없지만 아버지가 그에게 했던 행위를 살펴보면 졸음 방지 기계 체험이 그런 환각을 만들어낸 것임을 알 수 있습니다. 슈레버의 아버지는 지나치게 합리적인 것을 추구한 나머지 그것을 아들의 신체에 억지로 적용하였고, 결국 아들의 정신을 파괴하고 말았던 것입니다.

이것을 우리는 근대화라는 이름하에 지나친 합리성을 추구한 서양문명에 대한 따끔한 경고로 받아들일 수 있습니다. 인간은 합리성만으로 이루어지지 않았습니다. 합리성이나 생산성 같은 이성적인 것만 추구하다 보면 자칫 인간성이 파괴될 위험이 있습니다.

보는 자가 지배하는 세계의 공포

근대는 신체감각 중에서 시각이 우위에 서는 시대입니다. 그것이 '보다―보여지다'라는 구조를 극대화시켜서 '보는 자'가 '보여지는 자'를 지배하는 사회를 만들었습니다. 푸코가 날카롭게 지적한 것은 보는 자와 보여지는 자의 관계가 항상 일방적이라는 점입니다.

보고 있다, 알고 있다 하는 것을 상대가 깨닫게 함으로써 지배하는 방식은 조직폭력배의 수법을 생각하면 이해하기 쉽습니다. 어느 조직폭력배가 "당신 딸, 이번에 성인이 됐는데 축하할 일이야" 하고 말했다고 합시다. 물론 말로는 축하한다고 하지만 진심은 그렇지 않지요. "당신에 대해 손바닥 보듯 알고 있어, 그러니 조심하는 게 좋을 거야" 하는 위협입니다.

최근에는 정보화 속도가 빨라지면서 이와 유사한 일들이 더 자주 일어납니다. 단 한 번도 만난 적이 없는 상대로부터 입학, 입사, 생일 등 특별한 날에 갑자기 축하메일이 날아오는 거죠. 곰곰이 생각하면 참으로 무서운 일입니다. 정보화 사회가 가속화할수록 이런 식의 공포는 더욱 다양한 상황에서 다양한 형태로 일어날 것입니다. 예컨대, 〈위키피디아〉라는 온라인 백과사전은 사용하기에는 편리하지만 그것이 진화해감에 따라 어떤 모습을 띠게 될지를 생각하면 소름이 돋을 정도입니다. 지금은 대부분 유명인에 대한 정보가 실려 있지만 아마도 머지않아 평범한 사람들에 대한 시시콜콜한 정보까지 올라가기 시작할 겁니다. 그리고 전혀 짐작하지도 못하는 곳에서 누군가에게 자신의 정보가 낱낱이 공개된다면……. 생각만 해도 무서운 일이 아닐 수 없지요.

미래를 다룬 공포소설에나 나올 일인 것 같지만 기술적으로는 이미 가능하다고 합니다. 나에 대한 페이지도 있다고 들었는데, 겁이 나서 확인해보지는 못했습니다. 어쩌면 개인적인 취미나 가족 일과 같은, 남에게 드러내고 싶지 않은 것들이 빼곡히 적혀 있을지도 모릅니다. 나의 경우 방송에도 자주 출연하고, 책도 많이 출간하고, 강의도 활발하게 하는 터라 정보가 실리는 것을 피하기 어려울지도 모르겠습니다.

어쨌든 무심히 길을 걸을 때도 저쪽은 나를 보고, 내가 누구인지 훤히 아는데 나는 전혀 눈치채지 못하는 상황에 놓이는 것에 대한 두려움을 나는 늘 갖고 있습니다. 텔레비전에 자주 등장하는 연예인이나 유명인을 사람들은 부와 명성을 가졌다며 부러워할지 모르지만, 시선의 관점에서 보자면 '보이는 자'라는 불리한 입장에 놓여 있습니다.

그리스 신화에 메두사라는 요괴가 나옵니다. 메두사는 눈에 신기한 힘이 있어서 그의 눈을 보는 자는 순식간에 돌이 되어버립니다. 이렇듯 신화에서는 시선의 방향성에 의해 사람이 지배당하는 것을 "돌이 된다"라는 표현으로 암시하고 있습니다. 시점을 장악하고 있는 사람이 볼 때 상대는 메두사에 의해 돌이 되어버리는 존재입니다.

날마다 아무 고민 없이 사용하는 구글 등의 검색사이트에도 '보여지는 자=지배받는 자'의 위험성이 내포되어 있습니다. 인터넷에서 당신이 검색한 것에는 당신의 취미나 기호가 반영됩니다. 당신이 컴퓨터에 입력했던 구체적인 키워드 목록이나 옥션 등에서의 구입 이력은 이미 유출되고 당신의 취향은 알고리즘에 반영되고 있습니다. 무서운 생각이 들지 않나요?

아직까지는 그래도 개인정보 관리가 까다롭게 이루어지고 있는 편이지만 언제든 마음만 먹으면 다른 사람에 대한 정보를 손바닥 보듯 볼 수 있는 입장에 있는 사람은 의외로 많습니다. 어떤 책을 산다, 하는 정도의 사소한 정보라면 크게 문제될 것은 없습니다. 그러나 누군가 당신의 주요 검색 키워드나 검색 스타일, 구매 패턴까지 낱낱이 파악하고 있다고 가정해 봅시다. 당신은 그 사람 앞에 완전히 발가벗겨져 서게 되는 셈입니다. 게다가 설상가상으로 당신의 정보가 유출되고 비밀이 폭로되어 불특정 다수의 시선에 노출되어버리면 메두사 앞에서 돌이 된 사람과 다를 바 없어지는 것입니다. 지금의 정보화 사회에는 그런 위험성이 도처에 도사리고 있습니다.

정보가 '지배하는 눈'을 대신하는 현대사회

교회가 지식을 장악했던 시대에 사람들은 교회가 허용하는 지식 외에는 접할 수 없었습니다. 말하자면 지식에 대해 간접적이고 소극적인 관계를 갖고 있었던 것이지요. 근대가 되면서 지식은 교회로부터 해방되었습니다. 하지만 여전히 그것을 손에 넣기 위해 피나는 노력과 대가가 요구되었지요. 남보다 열심히 공부해서 좋은 학교에 들어가거나 돈을 내고 책을 사지 않으면 지식을 얻을 수 없었습니다.

그러나 컴퓨터가 급속도로 진화하고 인터넷이 일반화된 지금은 누구나 클릭 하나에 공짜로 원하는 지식을 얼마든지 얻을 수 있습니다. 세계 최고 수준의 대학인 MIT의 강의도 전부는 아니지만 상당 부분 인터넷을 통해 공개합니다. 그 덕분에 비싼 돈 내고 미국 유학을 하지 않아도 MIT 같은 최고 명문대의 고급 강의를 들을 수 있습니다.

이러한 '정보의 무료화'는 많은 사람이 지지하고 이용자가 늘어나면서 정보를 제공하는 사람도 당연히 증가하게 됩니다.

그 결과, 정보의 활용 면에서는 확실히 편해지고 좋아졌습니다. 그렇다면 우리의 마음은 어떨까요? 그만큼 충실해지고 풍요로워졌을까요? 그렇지 않습니다. 컴퓨터의 진화로 정보의 중요성이 증대된 결과 인간 관계에서 개인의 중요성은 오히려 감소하고 있습니다. 가정이나 직장에서 사람들 사이의 끈끈한 연대감이나 그 사람이 아니면 안 된다, 하는 절실함 같은 것이 사라지고 있습니다.

또 현대의 정보화 사회에서는 보다 많은 정보를 얻는 사람이 그렇지 못한 사람의 우위에 서는 구도가 형성되었습니다. 예를 들어 비즈니스 영역에서 다가올 미래에 어떤 일이 인기를 끌고 그 일에서 특별히 요구되는 것이 무엇인가 하는 정보를 남보다 빠르게, 많이, 그리고 정확히 파악할 수 있다면 당연히 남보다 앞서가게 될 것입니다.

하지만 지금처럼 정보가 홍수를 이루는 환경에서는 쉽지 않습니다. 왜냐하면 무슨 일이든 일단 조사하기 시작하면 정보의 바다 인터넷에서 그야말로 엄청난 양의 정보가 끝도 없이 쏟아져 나오기 때문입니다. 그런 환경에서 보다 많은 정보를 얻은 사람이 우위에 서게 된다면 정보를 수집하고 처리하는 데 하루 24시간을 다 사용해도 모자랄 것입니다. 그러한 딜레마를 극복한 사람은 엄청난 부와 막강한 힘을 거머쥐게 되지만 경쟁에서 낙오된 사람, 도중에 포기한 사람은 냉혹한 현실과 마주하게 됩니다. '정보의 무료화'라는 공평해 보이는 조건이 사실은 빈부 격차를 확대시키는 아이러니한 결과로 이어지는 것이죠.

이렇듯 근대에는 실제의 '눈', 시선과 시점이 권력으로 이어졌지만 지금은 그것이 더욱 추상화되고 모호해지면서 '정보를 쥐는 자'가 권력의 중심을 장악하고 있습니다.

'신체'적인 욕구에 굶주려 있는 현대인

다른 무엇보다 정보가 우선시되는 현대사회에서 최근 그에 대한 일종의 반작용으로 많은 사람들이 '신체로 느끼는 행복'을 추구하는 경향이 눈에 띄게 증가하고 있습니다. 예를 들어 에스테틱이나 아로마 테라피 같은, 몸과 마음의 긴장을 풀어주는 방법이 유행하는 것도 그런 단면을 적나라하게 보여주는 것이라고 할 수 있습니다.

한때 지압에 대해 연구한 적이 있습니다. 그때 얻은 지식을 바탕으로 사람의 몸 중 발바닥과 견갑골이 매우 중요한 부위임을 강조하곤 했는데, 당시만 해도 수긍하는 사람이 매우 드물었습니다. 하지만 요즘에는 이에 대해 이의를 제기하는 사람은 거의 없습니다.

최근 신체를 통해 직접 얻을 수 있는 충만감, 촉각을 통해 느끼는 행복감, 미각과 후각 같은 감각에 호소하는 방식이 인기를 얻는 것은 그런 것들이 심신의 균형을 잡아주어 총체적인 행복감으로 이어진다는 것을 깨닫게 되었기 때문입니다. 텔레비전만 봐도 휴양지와 먹을거리를 소개하는 프로그램이 굉장히 많습니다. 음식 맛은 화면으로는 전해질 수 없는데도 모두 재미있게 시청합니다. 이것만 봐도 현대인이 얼마나 미각과 후각에 굶주려 있는지 알 수 있습니다.

흥미로운 것은, 음식의 경우 후각을 차단하면 맛을 알 수 없게 된다는 점입니다. 언젠가 나도 한번 실험해본 적이 있는데, 실제로 코를 잡고 먹으면 음식 맛을 느낄 수 없습니다. 카레라이스와 하이라이스의 맛의 차이를 거의 모를 정도니까요. 그만큼 미각은 후각에 의존하는 감각입니다.

그렇게 생각하면 맛집 순례는 미각과 후각을 자극하고, 아로마 테라피는 후각과 촉각을, 그리고 발 마사지는 촉각을 자극하는 것처럼 근대화가 진행되는 과정에서 인간이 업신여겼던 신체적인 감각, 특히 시각 이외의 감각을 되찾기 위해 필사적으로 노력하는 것이 아닐까요.

3 IMPE

RIALISM

[군주들은 왜 영토 확장에
혈안이 되는가]

제국의 야망사

1

야망이 만들어낸 '제국'이라는 괴물

'갈 수 있는 데까지 가고 싶다'라는,
남자라면 누구나 갖고 있는 욕망이
'내 앞에 무릎을 꿇어라'와 맞물리면서
제국을 만든 것입니다.
이 욕망에는 한계가 없습니다.

세계사는 '정체성'을 둘러싼 분쟁의 기록

최근 세계 각국에서 소수민족의 독립이 이어지고 있습니다. 의식 있는 사람들은, 지구는 우주에서 먼지처럼 작은 하나의 별에 지나지 않으므로 편협한 민족의식을 극복하고 세계시민으로 나아가야 한다고 역설합니다. 하지만 현실은 그와는 정반대 방향으로 질주하고 있습니다.

1917년 러시아혁명을 거쳐, 1922년 15개 공화국으로 이루어진 거대 연방으로 탄생한 소련은 1991년 발트 3국에스토니아, 라트비아, 리투아니아의 독립을 계기로, 각 공화국에서 독립의 기운이 고조되면서 같은 해에 15개 공화국 모두 독립해 마침내 붕괴하고 맙니다.

하지만 그것으로 끝이 아닙니다. 러시아에는 지금도 독립을 위해 줄기차게 투쟁하는 민족들이 있습니다. 그중 하나인 체첸은 19세기 러시아제국에 합병된 이후 줄곧 연방 내 공화국을 유지해온 나라입니다. 그토록 오랜 세월을 연방의 일원으로 같이해왔는데 왜 새삼스럽게 독립을 하려고 하는 걸까, 하고 의아해하는 사람이 혹시라도 있을지 모르겠습니다. 하지만 다른 나라의 복잡하고 중요한 문제를 그렇게 쉽게 단정해버려서는 안 됩니다. 체첸이 연방에 합병된 이후 러시아와 체첸 사이에는 우리가 알지 못하는 수많은 문제들이 있어왔고, 급기야 그것이 곪아터져 오늘의 상황에 이른 것입니다.

체첸이 러시아로부터 독립하길 원하는 또 하나의 이유는 무엇일까요? 그것은 바로 '민족의 자긍심'과 관계되는 중대한 문제이기 때문입니다. 이러한 민족의 자긍심은 오랜 세월 억눌림을 당해도 쉽사리 꺾이거나 사그라들지 않습니다. 소수민족을 안고 있는 나라들이 민족문제로 골치를 썩는 것도 알고 보면 다 그런 이유 때문입니다. 최근 티베트 문제로 세계의 주목을 받고 있는 중국은 여러 소수민족들과의 관계 악화로 인해 앞으로도 적잖은 어려움을 겪게 될 것입니다.

어째서 사람들은 민족을 기반으로 독립을 꾀하려고 할까요? 그것은 민족적인 이유로 다른 민족으로부터 학대받고 고통을 당한 과거의 쓰라린 기억이 있기 때문입니다. 그리고 그런 차별은 '제국'이라는 거대한 세력에 의해 삼켜지는 과정에서 생겨난 것입니다. 다시 말해 제국의 강압적인 통치와 제국 안에서의 구체적인 생활에 불만이 있기 때문에 '같은 민족만의 나라를 만들고 싶다'는 생각을 하게 되는 것이죠.

독립운동은 한마디로 '이민족의 지배로 상실한 민족의 자긍심과 정체성을 회복하고자 하는 노력'입니다. 이민족의 지배를 받는 것은 자긍심과 정체성을 빼앗기는 고통스러운 체험입니다. 예를 들어 중국의 원나라1271~1368년는 몽골족이 한족을 중심으로 하는 중국을 지배했던 왕조입니다. 인구에서는 한족의 수가 월등히 많았지만 원나라는 몽골인 제일주의를 취했기 때문에 피지배민족인 한족에게는 굴욕적인 법률을 많이 만들었습니다. 원나라의 법전인 『원전장元典章』에는, 한족은 몽골인에게 맞아도 같이 때려서는 안 된다고 되어 있습니다. 그런 것이 법전에 쓰여 있다니 우습다고 생각하는 사람도 있을 텐데, 한족에게는 결코 웃을 수 없는 현실이었습니다.

중국은 한족이 중심인 나라라는 인상이 강한데, 사실은 이민족의 지배를 받은 시기가 더 길었습니다. 구체적인 예를 들자면, AD 5~6세기에 중국대륙의 북부지역을 지배했던 북위北魏는 북아시아 유민족인 선비족鮮卑族의 왕조였고, 서태후와 마지막 황제로 유명한 청나라도 원래는 중국 동북부를 거점으로 여진족이 세운, 이른바 '오랑캐 왕조'였습니다.

청나라 때 한족은 지배자에 대한 복종의 의미로 '변발'이라는 머리 형태를 강요당했습니다. 변발은 머리 뒷부분만 남기고 나머지는 모두 깎아 뒤로 길게 땋는 동북아시아 민족들의 전통적인 머리 모양입니다. 그런 관습을 갖지 않은 사람이 이런 머리를 강요당하면 누구나 심각한 정체성의 혼란을 느낄 수밖에 없을 정도로 충격이 큰 헤어스타일입니다.

물론 한족도 처음에는 완강히 저항했습니다. 그러나 "유두불류발, 유발불류두留頭不留髮, 留髮不留頭" 즉, "머리頭를 남기는 자는 머리카락髮을 남기지 않고, 머리카락髮을 남기는 자는 머리頭를 남기지 않는다"라는 포고령이 내려져 살아남기 위해서는 어쩔 수 없이 따를 수밖에 없었습니다.

한데 그런 억압이 변발에 그치지 않고, 생활 전반과 민족 고유의 전통과 문화에까지 미치면 당하는 사람은 큰 상처를 받게 됩니다. 지배층이야 기분이 좋을지 모르지만 당하는 쪽은 참기 어려울 정도의 모욕감을 느끼게 되는 것입니다. 이렇듯 정체성과 자긍심에 심각한 상처를 입은 '원한'이 남기 때문에 소수민족은 저마다 독립에 목숨을 걸게 되는 것입니다. 이 '정체성을 둘러싼 싸움'은 세계의 제국사를 읽는 데 매우 중요한 열쇠가 됩니다.

오늘날 전 세계적으로 독립의 기운이 고조되는 것은 제국의 폭압적인 지배 속에서 솔솔 연기를 내고 있던 원한의 불씨, 피지배민족이 자신의 존재를 증명하고자 하는 희망의 불씨가 제국이 쇠락해감으로 인해 급격히 불길이 피어오른 것이라고 할 수 있습니다. 땅은 빼앗을지언정 사람의 정체성과 자긍심까지 완전히 말살할 수는 없기 때문입니다.

제국의 야망의 근원은 "내 앞에 무릎을 꿇어라!"

페르시아 · 중국

언젠가 친구들과 만난 술자리에서 한 친구가 뜬금없이 이런 말을 했습니다. "남자는 누구나 한 번쯤 세계정복을 꿈꾸는 것 같다"라고. 그 친구의 주장에 따르면, 남자는 세계정복에 대한 꿈으로부터 출발해 나이가 들면서 현실을 이해하고 또 타협하면서 차츰 포기한다고 합니다. 또한 거기에 출발점을 두지 않은 남자는 남자도 아니라는 것입니다. 약간 과장되고 지나치게 개인적인 주장이기는 하지만, 그의 말은 어느 정도 남자라는 존재의 본질을 드러내는 말이라고 생각합니다. 현실적으로 그러한 일이 가능한지 어떤지는 제쳐두고라도 많은 남자들이 그러한 꿈, 혹은 망상을 갖고 있는 것 같습니다.

간혹 유명해지고 싶다는 이유 하나로 범죄를 저질렀다는 사람이 나옵니다. 어떤 방식로든 유명해지고 싶다는 것인데, 그런 생각을 품고 실행에 옮기는 사람은 거의 열이면 열, 백이면 백, 남자입니다. 여자의 경우 남들의 눈에 띄고 싶어 범죄를 저질렀다는 이야기를 나는 한 번도 들어보지 못했습니다. 남자라는 존재는 아마 본질적으로 '나를 좀 봐달라' '나는 이렇게 대단한 사람이다' 하고 외치고 싶은 모양입니다. 이렇듯 남자의 끝을 모르는 자기확장 욕구는 측은하게 느껴질 정도입니다.

물론 여자에게도 눈에 띄고 싶고 주목받고 싶은 욕구는 있습니다. 허나 남자와는 다른 방식으로 표출되는 경향이 있습니다. 남자처럼 폭력적이 되지는 않지요. 그러나 남자는 힘을 과시하며 남을 지배하는 방향, 내 앞에 무릎을 꿇어라, 하는 방향으로 달려가기 쉬우므로 상대에게 심각한 피해를 주게 됩니다.

세계제국이라는 문제의 근저에도 사실은 이러한 남자의 서글픈 천성이 숨어 있습니다. 고대 페르시아 제국과 스파르타의 싸움, BC 5세기의 페르시아 전쟁에서 소재를 찾은 할리우드 영화 〈300〉에도 그러한 남성만의 야망과 민족의 주체성을 놓고 벌어지는 싸움이 그려집니다. 세계제국의 야망을 품고 도시국가 스파르타를 공격하는 페르시아. 사실 페르시아가 스파르타에게 요구했던 것은 따지고 보면 그리 대단한 것이 아니었습니다. '내 앞에 무릎을 꿇어라'는 것뿐이었지요.

페르시아 왕 크세르크세스는 스파르타 왕 레오니다스에게 "무릎을 꿇어라, 나를 숭배하라, 그러면 전부 용서해주겠다. 또한 너희가 원하는 방식으로 나라를 유지할 수 있도록 허락해주겠다. 그러니 내 앞에 무릎을 꿇어라" 하고 요구합니다. 무릎만 꿇으면 모든 것이 원만히 해결될 수 있다는 것을 알지만 스파르타는 그 요구를 받아들이지 않습니다. 영화에는 무릎을 꿇는 척하는 부하의 등을 받침대 삼아 높이 점프하여 페르시아의 왕을 향해 창을 던지는 명장면이 나오는데, 이것으로 스파르타의 단호한 태도를 표현하고 있습니다.

스파르타는 비록 영토는 작아도 자존심만은 세상에서 가장 강한 나라입니다. 그들은 어린 시절부터 "너는 스파르타를 위해 싸울 것이다, 그것이 네가 지켜야 할 자긍심이다" 하는 말을 끊임없이 들으며 자랍니다. 따라서 민족을 지키기 위해 싸우는 것이 곧 자신의 정체성 그 자체가 되어버립니다.

영화에서 레오니다스 왕은 3백 명에 불과한 적은 병력으로 페르시아의 100만 대군에게 당당히 도전합니다. 물론 이 숫자는 다소 과장된 것으로, 실제로 적지 않은 그리스 병사들이 참전했지만 그것이 스파르타 병사들의 기개와 박력과 용기를 조금도 감소시키지는 못합니다. 나도 영화를 보면서 '저렇게까지 자긍심이 중요할까' 하고 생각했지만 그들에게 그것은 민족의 정체성을 지키는 싸움이었고, 그렇기 때문에 절대로 물러설 수 없었던 것입니다.

공격하는 페르시아를 보면서도 의문이 생기기는 마찬가지입니다. 저렇게까지 온 국력과 에너지를 모조리 쏟아붓다시피 하며 그리스와 스파르타를 침공한 목적이 영토 획득이나 제국의 확장이 아닌, 단지 '내 앞에 무릎을 꿇어라' '자신을 숭배하라'는 것뿐이니까요. '내 앞에 무릎을 꿇어라'의 전형은 중국 전통인 조공무역에서도 찾을 수 있습니다. 조공무역은 중국 황제의 덕을 우러러 주변국의 군주가 복종의 뜻으로 공물을 바치고, 그에 대해 황제가 상사賞賜라는 명목의 답례물을 주는 전통적인 무역형식입니다. 무역이라고는 하지만 그 실체는 상거래가 아닙니다. 선물을 들고 가서 머리를 숙이는 대가로 상을 받아오는 것이지요. 황제는 자신에게 무릎을 꿇고 공물을 바친 상대에게 '덕'을 보여주기 위해 그 몇 배의 답례물을 주는 것이 관례입니다. 여기서의 관계는 '무릎을 꿇어라, 그러면 보물을 주겠다. 그리고 너를 그 땅의 왕으로 인정해주마' 하는 것입니다. 예를 들어, '한위노국왕인漢委奴國王印'은 한나라의 황제가 조공한 왜일본에게 '왕'이라고 하는 증표를 주어 지위를 인정해주는 형식으로 상하관계를 나타냅니다. 이 관계에서 중국에게 물질적인 이점은 거의 없습니다. 그들이 얻은 것이라고는 상대가 무릎을 꿇음으로써 얻는 우월감과 쾌감 정도입니다. 그것이 뭐 그렇게 중요할까 싶지만, 남의 위에 서고 싶어 하는 본성을 가진 사람에게 그 매력은 상상외로 큰 것입니다.

물론 이런 방식은 소국이 대국에게 적의가 없음을 나타내는 것으로, 결과적으로 주변국에게 평화를 가져오는 것도 사실입니다. 어쨌든 제국의 황제가 목표로 하는 야망의 근원에는 이런 우월감이 있었습니다.

끝을 몰라 자멸하는 제국

'알렉산드로스 대왕'이라는 우상

어린 시절, 한때 '땅따먹기 놀이'에 푹 빠졌던 때가 있었습니다. 돌을 튕겨 세 번 만에 시작 지점으로 돌아오면 그 범위가 전부 자신의 땅이 되는 놀이입니다. 어디까지나 어린이들의 놀이이니 그 땅이 영원히 자기 땅이 되는 것은 아니지만 아무튼 갈 수 있는 데까지 가고 싶다, 가능한 한 넓은 땅을 내 것으로 하고 싶다는 생각에 필사적으로 돌을 튕겨 땅을 만들었던 기억이 지금까지도 생생하게 남아 있습니다.

이 '갈 수 있는 데까지 가고 싶다'라는, 남자라면 누구나 갖고 있는 욕망이 '내 앞에 무릎을 꿇어라'와 맞물리면서 제국을 만든 것입니다. 이 욕망에는 한계가 없습니다. 그래서 제국은 영토를 넓히는 것 자체가 목적이 되고, 결국 그 때문에 붕괴합니다. 개중에는 '좀 더, 좀 더 갈 수 있는 데까지……' 하고 스스로에게 채찍질하며 땅을 넓히는 과정에서 왕이 사망해 제국이 붕괴하는 경우도 있습니다. BC 4세기 그리스에서 인도 서쪽에 이르는 대제국을 건설한 알렉산드로스 대왕이 그 전형적인 예입니다.

알렉산드로스는 그리스 북방의 마케도니아라는 작은 신흥국의 왕이었습니다. 그런 그가 전 그리스를 마케도니아의 깃발 아래 통일하고, 이집트를 손아귀에 넣고, 대국 페르시아를 무너뜨리면서 불과 8년 만에 인도에 이르기까지 전부 자신의 제국으로 만들어버렸습니다. 그러나 그의 욕망은 거기서 그칠 줄 몰랐습니다. 그는 자신의 영토를 더욱 넓히고 싶었습니다. 하지만 제발 고향으로 돌아가게 해달라는 병사들의 간곡한 청원을 뿌리치지 못하고 마침내 귀로에 오르게 되는데, 고국으로 돌아가는 도중에 그만 병에 걸려 죽고 맙니다. 참고로, 알렉산드로스는 10대 때 당대 최고의 철학자 아리스토텔레스의 밑에서 공부해 교양과 과학적인 탐구심을 갖춘 지성파였습니다. 그러나 제국의 건설과 확장에 대한 그의 욕망은 끝이 없었지요.

알렉산드로스 대왕이 건설한 제국은 그의 죽음과 함께 분열되어 그 제국이 존재했던 것은 고작 10년 정도밖에 되지 않습니다. 따라서 세계사적인 관점에서 볼 때 동서양의 활발한 문화교류로 헬레니즘 문화가 생겨났다는 의의는 있지만 하나의 국가, 그리고 제국의 흥망성쇠의 관점에서는 그리 대단하지 않을 수도 있습니다.

그럼에도 불구하고 알렉산드로스 대왕을 동경하는 사람이 의외로 많습니다. 로마제국의 기초를 쌓은 율리우스 카이사르도, 유럽을 정복해 프랑스 제국을 건설한 나폴레옹 보나파르트도 알렉산드로스 대왕을 동경했습니다. 젊은 시절의 카이사르는 알렉산드로스 대왕과 자신을 비교해 그가 제국을 이룬 나이가 되었음에도 자신은 아무것도 이룬 것이 없다고 한탄했고, 나폴레옹은 원정에 나설 때 그를 흉내 내어 대규모의 학자들을 동행시켰다고 합니다.

프랑스의 황제가 된 나폴레옹은 시나브로 영토를 확장해 가는데, 냉철하게 생각해보면 그의 러시아 원정은 처음부터 상당히 무리한 전략이었습니다. 그렇듯 혹독히 춥고 불모지가 대부분인 땅을 어렵게 정복한다 해도 특별히 얻을 만한 이점이 많지 않았기 때문입니다. 결국 러시아 원정에 실패한 나폴레옹은 황제 자리에서 쫓겨나고 워털루 전투1815년에서 복권을 노리지만, 거듭 영국에 패배해 대서양의 세인트헬레나 섬에 유배됩니다. 나폴레옹은 알렉산드로스 대왕이 뜻을 이루지 못하고 죽은 것도, 카이사르가 반대파의 반감을 사서 타살된 것도 이미 알고 있었습니다. 말하자면, 그는 '갈 수 있는 데까지'라며 자신의 욕망을 불도저처럼 추구한 사람들의 운명이 비극적이었음을 알고 있으면서도 멈추지 못하고 결국 자신 역시 그들과 같은 최후를 맞게 된 것입니다.

옛날의 제국과는 조금 다르지만 마이크로소프트와 구글을 보면서 나는 '제국의 야망'을 발견합니다. 21세기 최대 공룡기업들이 가진 멈출 줄 모르는 확장욕, 사그라들지 않는 지배욕은 제국의 야망 그대로입니다.

왕이 하렘을 만들고 싶어 하는 이유도 여기에 있습니다. 왕은 하렘에 많은 미녀들을 모읍니다. 그렇게까지나 필요할까, 싶을 정도로 많은 숫자입니다. 중국에서는 '후궁가려삼천인後宮佳麗三千人, 당나라 시인 백거이의 「장한가長恨歌」에 나오는 말 — 옮긴이'이라고 하는데 3천 명이나 모아서 어떻게 했을까요? 여기서의 '3천'이라는 숫자는 많음을 나타내는 말로, 실제로 왕과 관계를 맺은 여인은 아마도 수십 명 정도일 겁니다. 그들에게 있어 중요한 것은 후궁을 3천 명이나 데리고 있다, 라는 압도적인 이

알렉산드로스 대왕의 제국

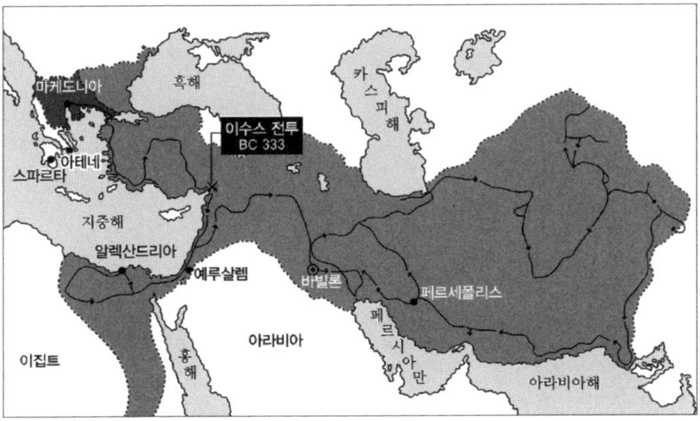

알렉산드로스 대왕이 정복한 영토(BC 323)

⟶ 알렉산드로스의 원정로

알렉산드로스는 마케도니아를 기점으로 광대한 제국을 건설했다. BC 333년 이수스 전투에서 페르시아를 격파하고 시리아와 이집트를 점령, 동방으로 원정을 떠나 각 지역을 정복했다. 그러나 BC 323년 알렉산드로스가 원정 중에 사망하자 부하 장군들에 의한 세력 다툼이 일어나 제국은 급속히 붕괴되고 말았다.

미지입니다. 왜냐하면 그것이 남자의 실력을 나타낸다고 생각하기 때문이죠. 이러한 '숫자'를 자랑하는 행위는 전부 '제국의 야망'과 본질적으로 동일한 것입니다.

숫자가 남자로서의 실력을 나타내기 위한 암호이기 때문에 왕은 최대한 땅을 넓히고 미녀들을 불러모아 거느리는 것입니다. 그리고 그 수가 아무리 많아져도 왕은 결코 만족하지 않습니다. 그들은 살아 있는 한 왕의 자리에서 쫓겨날 때까지 영토를 확장하려고 합니다. 이 끝없는 욕망이 '제국의 야망'의 본질이므로 생각해보면 참으로 불편하고도 성가신 이야기입니다.

2

성공하는 제국
실패하는 제국

이민족을 차별하지 않는
평등한 세법이 이후의 이슬람 왕조에서
적용되었기 때문에 이슬람교는
전 세계로 확산될 수 있었고,
제국은 번영을 유지하게 됩니다.

그리스 시대부터 계속되어온 '연설'의 전통

미국 대통령 선거 시 후보들 간 대중연설 접전 상황을 보면 늘 '아, 이것이 서양이구나!' 하는 생각을 하게 됩니다. 사람들 앞에서의 표현력과 연설력, 설득력으로 리더를 결정하는 것은 그리스 로마 시대부터 계속되어온 전통이기 때문입니다. 말하자면, 대중을 타깃으로 한 연설에서 상대 후보보다 그들을 더 매료시킨 사람이 이기는 것입니다. 한데 이 연설이란 것이 꽤나 어려운 기술을 요구합니다. 지나치게 자신감을 보여서도 안 되고 반대로 자신감이 없어도 안 됩니다.

동양인은 연설을 하는 것이나 듣는 것에 상대적으로 서툰 편입니다. 반대로 서양인은 이러한 연설을 통한 싸움을 좋아합니다. 예를 들어 카이사르가 암살된 후에 했던 브루투스와 안토니우스의 연설이 셰익스피어에 의해 『줄리어스 시저』로 극화되었는데, 이는 셰익스피어의 작품 중에서도 가장 인기 있는 연극 가운데 하나입니다. 여기에서는 말로 치열하게 싸우는 두 사람의 모습이 그려집니다. "그의 사랑에 대해서는 눈물이, 행운에 대해서는 기쁨이, 그의 용맹에 대해서는 존경이, 야심에 대해서는 죽음이 있을 뿐이다" 하고 브루투스가 말하자 이에 찬성하는 시민들이 '오 ─' 하고 외칩니다. 그러자 이번에는 안토니우스가 나와 그것을 뒤엎는 연설을 하고, 시민은 그의 말에 다시 '오 ─' 하고 외칩니다. 시민은 양쪽 모두에 대해서 '오 ─, 오 ─' 하고 외치는 것으로 실속 없이 법석을 떠는 것처럼 보이지만, 각각의 의견을 분명하게 지지함으로써 적극적으로 논쟁에 참여하는 것입니다.

일본인은 토론에 서툴다고 하는데, 청중도 서툴기는 마찬가지입니다. 일본의 청중은 놀랄 만큼 조용해서 '오 ─' 하는 소리를 내기는커녕 '질문 없습니까?' 하는 말에도 거의 반응을 하지 않습니다. 하지만 로마의 청중은 연사가, 혹은 배우가 말을 한마디 할 때마다 '오 ─' 하고 외치는 것으로 적극적인 의사표시를 하거나 야유를 보냅니다. 거기에는 '승자는 우리가 결정한다' 하는 의식이 명확히 살아 있습니다. 결국 이 연극에서는 대중연설에서 밀린 브루투스가 패하고 살해되는 것으로 끝납니다. 이것이 바로 서양인이 좋아하는 토론의 원형이라고 할 수 있습니다.

서양에서는 이러한 연설과 웅변이 고대 그리스 로마 시대부터 면면히 이어져 내려왔고, 그것이 현재의 미국 대통령 선거에까지 계승되어 승패를 결정짓는 요소가 되고 있습니다. 그것은 연설에 그 사람의 인간성의 크기와 비전, 힘, 논리력, 실행력 등 모든 것이 나타난다고 인식하는 문화입니다. 따라서 서양에는 말주변이 없는 영웅이 매우 드뭅니다. 그에 비해 일본에는 연설이라는 문화가 매우 빈약합니다. 일본의 다이묘 大名, 봉건 영주가 연설 실력으로 정해졌다는 이야기는 들어본 적이 없습니다. 메이지시대 영어를 일본어로 번역할 때 '스피치'에는 '연설'이라는 말이 붙여졌습니다. 계몽사상가인 후쿠자와 유키치는 "연설이란 영어로 스피치라고 하는데, 많은 사람들을 모아놓고 이야기를 풀어 자신이 생각하는 바를 사람들에게 전달하는 방법"『학문을 권함』이라고 설명합니다. 사실 이때까지 일본인에게는 그런 개념 자체가 거의 없다시피 했지요.

원래 일본에서는 말 잘하는 사람을 왠지 꺼리는 경향이 있습니다. 그래서 "나는 이런 일을 잘할 수 있습니다" 하고 말하는 사람을 대개 "잘난 척하는 사람이다, 저 사람은 뽑지 말자" 하고 배척해버립니다. 나는 미국 선거전을 볼 때마다 역시 미국에도 그리스 로마에서 시작되는 서양의 전통이란 것이 살아 있구나, 하고 생각합니다. 고대 그리스 로마 사회에는 공공장소에서의 표현력에 의해 신임받는 민주주의의 기본적인 형태가 있습니다. 그것이 연설이라는 문화를 만든 것이죠.

서양에서는 그만큼 '말'에 대한 신뢰가 있다는 것이기도 합니다. 즉, 연설은 단순히 인기를 얻기 위한 것이 아니라 자신이 한 말을 얼마나 실행할 수 있는가가 신뢰의 기준이 되는 것입니다. 그리스어로 로고스logos는 '말' '토론' '척도' '이성'을 뜻하며 서양의 이성관의 핵심이 되었습니다. 로고스 중시야말로 '서양다움'입니다.

이러한 말에 대한 신뢰는 성서에 "태초에 말씀logos이 있었다"「요한복음」라는 기술에서도 볼 수 있습니다. 그러나 연설을 키운 것은 시대나 발상이 전혀 다른 그리스 로마헬레니즘와 기독교헤브라이즘입니다. 이 상호 이질적인 두 가지가 합치한 데에 '서양'이라는 세계사적인 카테고리가 있습니다.

우리가 생각하는 서양의 형태는 고대 그리스 로마 시대에 원형이 만들어지고, 그 방식은 현재의 미국 대통령 선거에서도 사용되고 있습니다.

제국의 본질—이집트 왕국과 로마제국의 차이

이러한 서양 민주주의의 전통은 파라오가 군림한 이집트의 전통과도 다릅니다. 이집트의 왕 파라오는 종교적 상징으로서의 의미가 강합니다. 일본의 천황에 가까운 존재라고 할 수 있죠. 물론 이집트에도 정파 간 다툼과 암살이 끊임없이 이어졌지만, 그것은 어디까지나 혈족 가운데 누구를 다음 파라오로 삼을 것인가 하는 기존 체제의 틀 안에서의 분쟁이었습니다.

이집트와 일본 사이의 중요한 공통점은 바로 '태양신앙'입니다. 일본의 경우 태양신의 자손인 천황이 신궁으로서 풍양豊穰, 풍년이 들어 곡식이 잘 여묾—옮긴이의 신과 교감하는 것으로 나라의 안녕이 약속된다고 믿었습니다. 이집트의 파라오는 영혼의 불멸신앙도 있지만 태양신의 화신인 동시에 신관이기도 했습니다.

이러한 신관이 지배하는 구조는 통치구조인 동시에 신앙의 대상도 되기 때문에 사람들에게는 같이 종교적인 사업을 하자, 하는 일체감이 생깁니다. 이 일체감은 "내가, 내가" 하고 자기주장하는 것을 긍정적으로 인식하는 서양적 감각과는 다르죠.

이것은 고대 이집트의 피라미드를 둘러싼 해석에서 여실히 드러납니다. 최초에 이집트 문명을 발견한 서양인은 거대한 피라미드를 보고 전제군주가 노예에게 강제노동을 시켜서 만든 것이 분명하다고 생각했습니다. 그래서 오랫동안 이러한 노예 강제노동설이 역사의 정설이 되었는데, 최근 연구에서 그것이 잘못된 생각이었다는 것이 밝혀졌습니다.

피라미드는 강제적으로 노예를 시켜서 만든 것이 아니라 나일강의 범람으로 농사를 지을 수 없는 시기에 민중을 구제하기 위해 이루어졌던 일종의 공공사업이었습니다. 물론 현재의 공공사업과는 달리 종교적인 의미를 가졌지요. 하지만 그렇기 때문에 민중은 더욱 적극적으로 건설 과정에 참여했고, 그토록 대단한 건축물을 만들어낸 것입니다.

이렇듯 기저에 종교가 깊게 자리한 문화와 연설을 잘하는 사람을 승자로 뽑는 문화에서는 근본적으로 민중이 원하는 것이 서로 다릅니다. 이러한 차이를 이해하지 못했기 때문에 서양인들은 피라미드를 보며 '노예를 강제노동시켰다'고 생각했을 겁니다.

또 하나, 이집트와 로마의 다른 점은 땅의 비옥함 정도입니다. 이집트는 기본적으로 땅이 비옥해서 국외로 나갈 필요가 없었지만, 상대적으로 척박한 땅을 소유한 로마는 영토를 확장하기 위해 노력할 수밖에 없습니다. 바로 이 '밖으로의 확장'이 로마를 '제국'으로 만든 것이죠.

제국imperial은 '임페리움imperium'이라는 라틴어에서 온 말로, 원래는 '주권' '주체'라는 의미를 갖고 있습니다. 현재 제국이라고 할 경우 그 정의의 가장 큰 특징은 급속한 확장에 의해 여러 민족을 지배하는 것에 있습니다. 따라서 아무리 커도 이집트는 파라오가 지배하는 이집트 민족국가이기 때문에 '왕국'일 뿐 제국은 아닙니다. 단일민족국가의 경우 영토가 아무리 거대해도 제국은 아닙니다. 제국은 이민족을 정복에 의해 자국의 영향권 안에 편입시켜 적극적으로 지배하는 체제입니다. 여기에 제국의 가장 큰 포인트가 있습니다. 그런 의미에서 로마제국은 그야말로 '제국'을 완성시켰다고 할 수 있습니다. 물론 로마 이전에도 페르시아제국과 알렉산드로스 대왕이 건설한 헬레니즘제국 등 제국이라 불릴 만한 나라들이 있었지만, 우리가 가장 '제국'의 느낌을 받는 것은 역시 정복한 땅을 속주로 하여 중앙 지배를 시행한 로마제국입니다.

종교만큼은 건드리지 않았던 율리우스 카이사르

로마제국의 기틀을 다진 카이사르는 무력으로 정복은 하지만 그 지역의 종교에는 일절 손을 대지 않습니다. 오히려 적극적으로 로마 시민권을 주고 의무를 부여하는 방식으로 통치하죠. 즉 정치적인 권력으로서의 시민권을 피지배민족에게 부여하면서도 그 민족의 정신적 핵심, 즉 민족으로서의 긍지와 정체성은 건드리지 않습니다. 이것은 매우 현명한 방법으로, 카이사르 이후에도 이러한 기본이 유지되는 동안 로마는 발전을 지속합니다.

그런데 이 방식을 계승하고 싶어도 할 수 없는 사태가 일어납니다. 그 이유는 기독교도가 급격히 증가했기 때문입니다. 제대로 의무를 다하면 어떤 신앙을 갖든 상관없다는 태도를 취했던 로마가 기독교에 대규모 탄압을 가한 가장 큰 이유는 무엇일까요? 로마가 다신교문화인 데 반해 기독교는 다른 신의 존재를 인정하지 않는 일신교였기 때문입니다. 물론 그 이전에도 유대교라는 일신교가 있었습니다. 하지만 유대교는 민족종교였고, 그 계율이 상당히 엄격해서 유대인 사회 안에만 머무를 뿐 널리 전파되지 않았습니다. 그러나 기독교는 유대교에서 파생된 종교이면서도 활발한 포교 활동으로 신자가 급속히 늘어났습니다.

로마의 관용은 다양한 신을 믿는 신자 간의 관용이기도 했습니다. 그에 대해 다른 신의 존재를 인정하지 않는 기독교는 자신들이 믿는 신만이 참신이라 주장했고, 그것이 문제의 발단이 된 것입니다. 이러한 기독교와 로마의 불협화음은 제국 말기에 황제의 권력을 강화하기 위해 황제를 신격화하는 것으로 더욱 커지게 됩니다. 그것이 대규모 기독교 탄압으로 이어

로마제국의 영토 확장

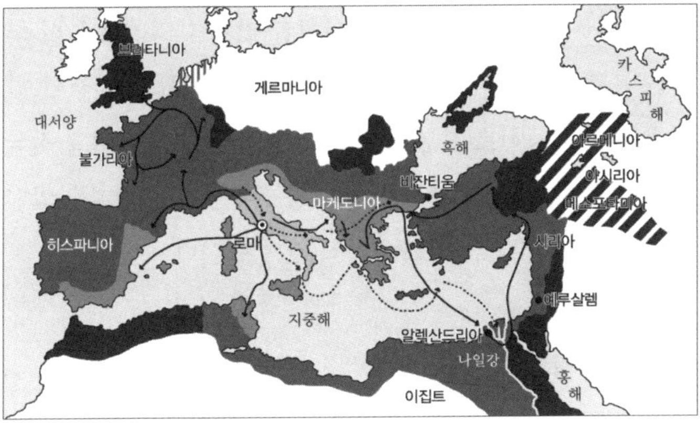

포에니 전쟁까지의 영토(BC 264)
포에니 전쟁 종결 시까지의 영토(BC 146)
아우구스투스 사망까지의 영토(AD 14)
로마제국의 최대 영토(트라야누스 황제 시대 AD 98~117)
→ 카이사르의 원정로
⋯⋯▸ 옥타비아누스의 원정로

로마는 강력한 보병을 무기로 지배를 확대했다. BC 264~146년 세 번에 걸친 포에니 전쟁에서 카르타고를 제패함으로써 군사적 재능을 발휘한 카이사르와 옥타비아누스(아우구스투스) 시대를 거쳐 트라야누스 황제 시대(AD 96~117년)에 제국의 영토는 최대가 되었다.

진 것이죠.

그런데 그 후 로마의 태도는 일변합니다. AD 313년에 콘스탄티누스 대제가 기독교를 정식 종교로 인정하고, 이어서 392년에 테오도시우스 황제가 기독교를 국교화하기 때문입니다. 아무리 탄압해도 수그러들지 않는 기독교 세력을 적이 아닌 같은 편으로 끌어안는 것으로 황제의 권위를 높이려 했던 것입니다. 하지만 그러한 의도와는 반대로 이 무렵부터 로마는 본격적으로 쇠퇴의 길을 걷게 됩니다. 그리고 395년 마침내 제국은 동서로 분열해버립니다. '탄압해도 안 되고 적극적으로 끌어안아도 안 된다.' 역시 종교에는 손을 대지 않았던 카이사르의 방식은 현명했다고 할 수 있습니다.

다른 민족들과 사회적인 구조를 공유하는 시스템이 무너지면서 붕괴한 로마제국

로마제국 쇠퇴의 원인이 물론 기독교에만 있었던 것은 아닙니다. 주지하다시피 무력으로 탄압한 주변국을 속주로 만들어 제국의 지배권에 편입하는 것이 로마의 기본적인 지배 방식입니다. 중앙이 주변을 착취하는 구도는 여느 제국이나 마찬가지지만, 로마의 경우는 달랐습니다. 속주 사람들에게도 중앙의 시민과 똑같이 시민권을 부여함으로써 통합구조를 가능하게 했던 것입니다.

당초에는 중앙과 주변에 빈부 차이가 거의 없었던 터라 이런 방식으로 인한 문제가 적었습니다. 그러나 속주로부터 중앙으로 부가 유입되기 시작하면서 차츰 로마는 중앙과 속주를 엄격히 구별하게 됩니다. 그 단적인 예로, BC 167년에 이르러서는 중앙의 시민에게만 직접세가 면제되었습니다.

하지만 이런 격차는 시작에 불과했습니다. 원로원 의원과 같이 막대한 부를 얻은 일부 사람들은 전쟁과 속주 통합으로 더욱 큰 부를 쌓았고, 그 부를 기반으로 중소농민들로부터 토지를 매입합니다. 이렇게 함으로써 중앙은 토지를 빼앗긴 시민을 더 많이 떠안을 수밖에 없는 구조가 되죠.

땅이 없어 일하지 않는 무산無産시민은 제국의 입장에서는 골칫거리였습니다. 그러나 그들은 비록 재산은 잃었어도 시민권을 갖고 있었습니다. 즉 민회의 투표권을 갖고 있었던 것이죠. 정치가는 바로 그 점에 주목해 그들을 자신의 지지자로 만들기 위해 앞다퉈 먹을 것과 돈을 주고 자주 잔치를 베풀어주었습니다. 투표권을 방패로 일하지 않아도 살 수 있는 무산시민은 더욱 게을러지고 퇴폐해졌습니다. 그와는 반대로 중앙의 엄청난 소비를 감당하고 유지하기 위해 주변의 속주에게는 더욱 가혹한 의무가 부과되었지요.

이전에는 시민 계층이 스스로 무장하여 전장에 나아가는 것이 당연시되었지만 언제부턴가 속주 사람들이 전쟁을 전부 떠맡게 되고 중앙은 전쟁으로 인한 수익 챙기기에 바빠졌습니다. 즉 제국의 중앙은 소비의 기능만 담당하고, 그 소비의 부담은 전부 속주에 떠넘김으로써 피지배인들의 불만이 높아진 것이죠. 어떤 제국이든지 기본적으로 속주에게는 가급적 적은 권리를 주고 최대한 착취할 수 있는 방법을 생각하게 마련입니다.

속주 사람들이 조금이라도 자신에게 이점이 있다고 느낄 때는 그나마 그런 방식이 유지될 수 있습니다. 하지만 제국의 지배력이 약해지거나 착취가 정도를 넘어서면 잠자고 있던 '민족의 자긍심'이 눈을 떠 독립을 외치게 됩니다. 따라서 중앙과 주변 간의 착취와 혜택의 균형이 제국 지배의 명암을 가른다고 할 수 있습니다.

로마제국은 사회적인 시스템을 공유하는 것으로 제국이 확대, 유지되었고 그것이 무너지면서 제국도 붕괴했습니다.

가장 이질적인 제국, 이슬람

제국의 야망이라는 관점에서 보면 이슬람제국은 이질적인 제국입니다. 같은 제국이어도 이슬람제국의 경우는 알렉산드로스 대왕이나 나폴레옹처럼 제국의 야망에 눈이 먼 '사람'이 영토를 확대한 것이 아니라 이슬람 '문화'가 확산되었다는 특징을 갖고 있습니다. 이슬람교에 따르면 사람은 유일신 알라 앞에서 모두 평등합니다. 이슬람교의 창시자인 무함마드조차 특별한 존재가 아니라 신의 말을 전하는 예언자 가운데 하나에 불과합니다.

이슬람제국의 경우 '알라 앞에서의 평등'이 제국 지배를 지탱해주었습니다. 제국 초기, 무함마드 시대에는 알라 앞에서의 평등이 엄격하게 시행되었고 이슬람교라는 종교를 중심으로 제국은 하나가 되었습니다. 그러나 7세기 후반 우마이야 왕조Umayya, AD 661~750 시대가 되자 이민족은 이슬람교로 개종해도 아랍인과 동등한 대우를 받지 못하게 됩니다. 구체적으로는, 아랍인과 이슬람교도는 세금이 면제되는 데 반해 피정복 민족은 개종과 상관없이 세금이 부과됩니다. 그러나 아랍인 중에서도 알라의 가르침에 반하는 이러한 강권정치에 불만을 품는 사람이 늘어나면서 우마이야 왕조는 무너지고, 750년 아부 알 아바스Abu al-Abbas를 초대 칼리프로 하는 아바스 왕조가 들어섭니다. 이후 이슬람 세계가 확대되는 것은 이 아바스 왕조 때 '알라 앞에서의 평등'을 기초로 한 이슬람법이 제정되었기 때문입니다. 이슬람법에서는 이슬람교로 개종한 자는 아랍인이 아니어도 인두세지즈야를 면제하고, 동시에 농업에 종사하는 자는 아랍인이어도 똑같이 지조地租, 토지세를 내야 한다고 정해져 있습니다. 이민족을 차별하지 않는 이러한 평

이슬람제국의 확대

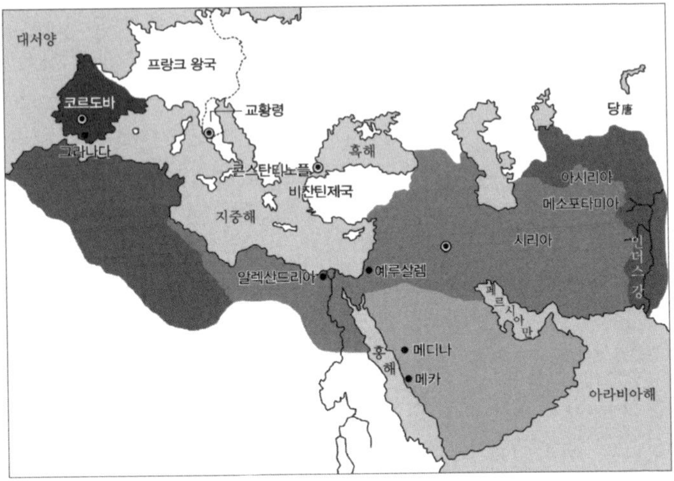

- 무함마드 시대의 영역
- 정통 칼리프 시대의 영역
- 아바스 왕조의 영역
- 후 우마이야 왕조의 영역

622년
무함마드, 메카에서 메디나로 헤지라 (박해를 피해 이주함)

630년
무함마드, 메카 정복. 아라비아 반도의 완만한 통일

632년
하메드 사망. 정통 칼리프에 의한 통치 시작됨

~642년
이라크·시리아·이집드를 정복

651년
사산 왕조 페르시아 멸망

등한 세법이 이후의 이슬람 왕조에 적용되었기 때문에 이슬람교는 전 세계로 확산될 수 있었고, 제국은 번영을 유지하게 됩니다.

힘만으로는 제국을 유지할 수 없다

진의 시황제

이슬람제국처럼 피정복민에 대해서도 평등한 대우를 하는 것은 제국으로서는 매우 특이한 경우라고 할 수 있습니다. 대개는 어떻게 하면 더 많이 착취할 수 있을까를 생각하는 것이 정복자의 상식이기 때문입니다. 예컨대, 중국의 경우 원나라든 청나라든 이민족이 지배할 때 한족은 상당한 차별을 받았습니다. 세계 최대의 건조물이라는 만리장성은 진나라 때 북

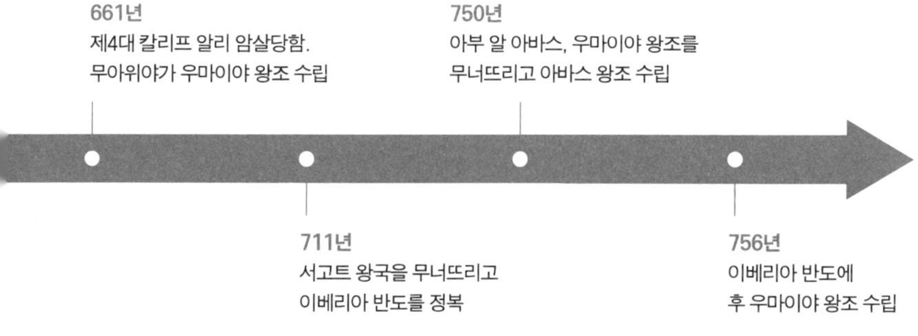

방민족의 침입을 막기 위해서 건설되었다고 알려져 있는데, 당초의 장성은 현재와는 위치가 달랐습니다. 현재의 모습으로 자리매김하게 된 것은 명나라1386~1644년 때에 이르러서입니다. 두 번 다시 굴욕적인 이민족의 지배는 받고 싶지 않다는 한족 사이에 흐르는 강한 공감대가 만리장성이라는 구조물을 만들어낸 것이죠.

'천고마비天高馬肥'라는 말이 있습니다. 보통 가을의 여유로운 풍경을 묘사하는 말로 쓰이곤 하는데, 원래는 중국인이 북방 유목민의 침공을 경계하는 말에서 비롯되었다고 합니다. 그만큼 중국인은 북방 유목민의 침입을 두려워했습니다.

직접 만리장성에 가본 사람은 이토록 험한 장소에 어떻게 장성을 쌓았을까, 하며 하나같이 감탄합니다. 도중에 한 곳이라도 끊어지면 그곳으로 유목민이 침입할 위험성이 있기 때문에 동쪽의 산하이관山海關에서 서쪽 간쑤성甘肅省의 자위관嘉峪關까지 한 치의 틈도 없이 이어져 있습니다.

만리장성은 사실 쓸모없는 장성이었다고 말하는 사람도 있는데, 그렇지 않습니다. 명나라 말기에는 이곳에서 만주족의 침입을 여러 차례 막아낸 사례도 있습니다. 중국 최초의 통일 왕조인 진나라BC 221~206는 광대한 영토를 장악했다는 점과 수많은 주변국들을 다스렸다는 점에서 명실상부한 동양 최초의 제국입니다. '황제'라는 명칭을 최초로 사용한 것도 시황제始皇帝, BC 259~210입니다.

시황제에 대해서는 자신의 아버지가 죽은 날 밤 아버지의 애첩을 겁탈하고 대량학살을 자행했다는 등의 부정적인 이야기가 많습니다. 또한 그는 분명 '내 앞에 무릎을 꿇어라' 하는 방식으로 제국의 야망을 강하게 드러낸 사람임이 확실합니다. 사실, 시始황제라는 명칭은 그가 살아 있을 때는 사용된 기록이 없습니다. 따라서 그가 죽은 후 '최초의 황제'라는 의미에서 부여된 것으로 여겨지는데, 아무튼 황제는 '황황한 상제', 즉 눈부시게 빛나는 절대적인 존재라는 의미입니다. 대단한 자부심이죠.

광대한 토지를 정복해 중앙집권을 이루고, 도량형 통일과 분서갱유로 언론을 통제하고, 대외적으로는 만리장성을 쌓았습니다. 이렇듯 진나라는 이미 제국의 면모를 갖추고 있었고, 그것이 동양적인 제국의 모델이 된 것은 분명합니다.

하지만 그런 진나라도 시황제가 살아 있는 동안에만 제국이 유지됩니다. 그가 죽고 두 번째 황제 호해胡亥, BC 229~207가 즉위한 다음 해BC 209년에는 진승과 오광의 난이 일어나 멸망하고 맙니다.

이렇듯 제국은 물리적인 힘으로만 이룰 수 있는 것이 아닙

진나라의 통일과 만리장성

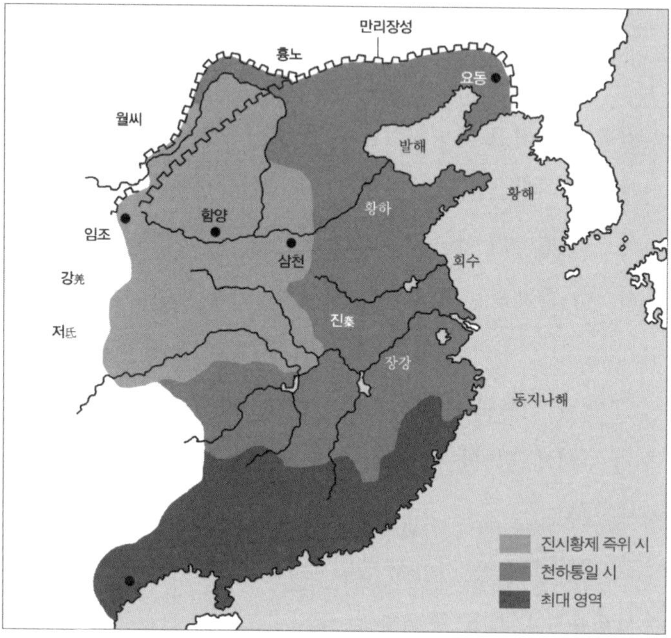

니다. 카이사르 당시의 로마제국이나 전성기의 이슬람제국처럼, 제국을 오래 존속시키기 위해서는 피정복민에게도 다소 이점이 느껴지도록 하면서 지배하는 구조가 반드시 필요한 것입니다.

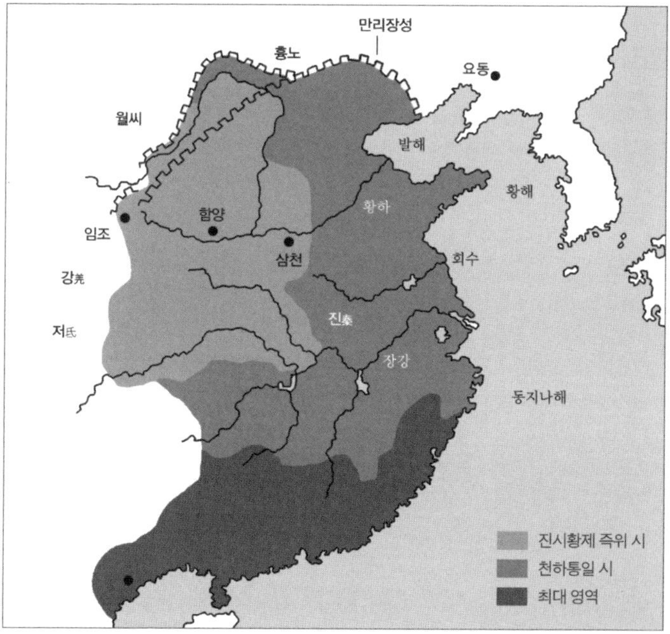

진시황제는 BC 221년에 중국을 통일했다. 현재의 장성은 명나라 때의 것으로, 진나라 때의 장성(지도)보다 남쪽에 위치한다. (좌측은 원서의 지도, 우측은 우리나라 학자들이 연구한 지도이다.)

3

세습은 제국 붕괴의 첫걸음

자신의 대에 한한 것이라면
자기가 죽음으로써 모든 것이
끝나게 되니까 한계가 보이지만
대대손손 이어질 경우에는
욕망에 한계가 사라집니다.
무한대로 치닫게 되는 거죠.

전국제패와 『삼국지』에 자극 받는 남심男心의 비밀

'패覇'라는 글자는 묘하게 남심을 자극합니다. 전국제패, 패권, 패자와 같이 '패'라는 글자에 매력을 느끼는 것은 아마도 남자가 본성적으로 갖고 있는 '세계정복의 꿈'을 자극하기 때문일 겁니다. 그러나 세계정복은 단순히 타인을 지배하고 싶다는 것과는 약간 차이가 있습니다. 다른 사람을 무작정 살육하거나 노예로 삼고 싶다고 생각하는 사람이 전혀 없지는 않겠지만 그래도 많지는 않겠죠.

남자들이 품고 있는 것은 대부분 조금은 애매한 감각, '특별한 이유는 없고, 그냥 제패하고 싶다' 하는 정도의 생각입니다. 제대로 표현하기는 어렵지만, 자신이 중심에 서서 모든 것을 한 손에 장악하고 싶다는 생각, 느낌…… 그런 게 아닐까요? 다시 말해, 구석구석까지 '내 것이다'라고 생각하고 싶다는 조금은 엉뚱한 욕심이 남자의 마음속에 둥지를 틀고 있는 '야망'의 본질입니다. 한편으로는 그런 터무니없는 야망을 품고 있기 때문에 향상심을 갖고 노력하게 되는 것이죠.

축구를 하면 월드컵 우승을 목표로 하고, 복싱을 하면 세계 챔피언이 되기 위해 노력합니다. 고교야구에서도 출장하는 모든 학교가 전국제패를 목표로 합니다. 고교야구 하면 '전국제패'라는 단어와 대진표가 피라미드의 정점을 나타내는 것 같아서 남자의 마음을 더욱 자극합니다. 냉철히 생각하면 토너먼트 우승학교는 시합마다 승패가 정해진 결과에 불과하지만 결승전에서 이기면 실제로는 시합을 하지 않은 고등학교까지 전부 자신의 아래에 둔 것 같은 느낌이 듭니다. 그러나 처음부터 압도적인 우승후보가 있고, 예상대로 그 후보 학교가 승전보를 울리면 대회 분위기는 그다지 고조되지 않습니다. 무명의 학교가 예상외로 활약하거나 서로 실력이 비슷할 때 대회의 매력은 더욱 증가하는 법입니다.

『삼국지』를 좋아하는 남성이 많은데, 그 책이 인기가 있는 것은 삼국의 세력이 어느 한쪽에 쏠려 있지 않고 나름대로 균형을 이루고 있기 때문입니다. 만일 세 나라 가운데 진나라의 시황제처럼 압도적인 힘을 가진 한 사람이 다른 사람을 지배하는 식이라면 자칫 이야기의 흥은 깨져버릴 겁니다.

제패에는 과정이 중요합니다. 그런 점에서 『삼국지』에는 남자가 좋아하는 것들이 모두 들어 있습니다. 우선 세 나라위,

촉, 오의 실력이 서로 비슷해서 야망이 쉽게 실현되지 못합니다. 삼국을 세운 주인공들 역시 저마다 캐릭터가 확실해서 나라뿐 아니라 인기도 셋으로 나뉩니다. 일본인의 경우 촉나라의 유비를 좋아하는 사람이 약간 많은 편인데, 위나라의 조조가 스케일이 크다는 사람도, 오나라의 손권이 멋있다는 사람도 더러 있습니다.

그들 말고도 제갈공명과 관우, 사마의 같은 영웅들이 많이 등장해 활약하는 것도 커다란 매력 요소입니다. 게다가 그들 각자가 야망을 자극하는 흥미진진한 에피소드를 갖고 있습니다. 특히 유비가 천재적인 군사軍師인 제갈공명을 삼고의 예三顧之禮를 통해 맞이한 것은 명장면 중의 명장면입니다. 유비가 뜻을 이루지 못하고 죽자 제갈공명은 유비의 부탁도 있고 해서 그의 아들인 선禪을 도와주지만, 그에게는 아버지가 가졌던 힘도 능력도 없어 결국 촉나라는 멸망하게 됩니다. 『삼국지』는 그런 제국의 야망이 무너지는 장면도 생생하고 설득력 있게 그려내고 있기 때문에 그토록 인기가 있는 것이라고 생각합니다.

제국의 야망이 단순한 지배욕에 그친다면 아마도 사람들은 『삼국지』의 영웅들보다 진나라의 시황제를 더 좋아할 겁니다. 그러나 실제로는 삼국지가 단연 인기가 높습니다. 철저한 지배, 압도적인 힘만으로는 '제패'라는 낭만은 충족될 수 없기 때문입니다. 제국의 야망을 매력적으로 만드는 것은 경쟁자가 있고, 고난이 있고, 때로는 그 야망이 무너지는 드라마틱한 과정이 있기 때문입니다.

사후에도 살아남았던 황제들

남자는 '정복욕', 여자는 '독점욕'이라고 하는데, 확실히 성별에 따른 심리 차이가 있습니다. 세계사에는 러시아의 예카테리나 2세Ekaterina II, 18세기 후반의 러시아 여황제와 영국의 엘리자베스 1세Elizabeth I, 16세기 후반의 영국 여왕, 마리아 테레지아Maria Theresia, 18세기 오스트리아의 대공, '여제'로 불렸다처럼 제국의 주인으로 군림한 여성도 있지만 자신이 직접 공격하는 패자의 이미지를 가진 경우는 거의 없습니다. 그러나 앞으로 여성이 제국을 건설할 가능성이 전혀 없다고 단언할 수는 없죠. 그렇다고 해도 매우 희귀한 일이 될 것만은 분명합니다. 최근 들어 여러 나라들에서 여성이 대통령이나 수상의 자리에까지 오르는 일이 빈번해지고 있는데, 그들이 자신의 욕망 때문에 호전적으로 영토 확장을 추진할 리는 거의 없을 거라고 봅니다.

타인을 폭력으로 정복해 자신이 그 위에 서는 '원숭이 산의 보스' 같은 행위를 하고 싶어 하는 것은 어느 시대나 여성이 아닌 남성이었습니다. 자연을 봐도 원숭이 산의 보스는 거의 예외 없이 수컷이지 암컷이 아닙니다. 자연계에서도 수컷은 언제나 서열을 정하고 싶어 합니다. 물론 거기에는 보다 많은 암컷을 차지한 뒤 가능한 한 자신의 유전자를 많이 남기고 싶어 하는 본능이 숨어 있습니다. 인간의 경우에도 야망의 근저에는 그런 본능이 작용하고 있습니다.

자신의 유전자를 남기고 싶은 욕망이 '끝없는 야망'을 만들어냅니다. 권력이 자기 대에서만 끝난다면 그렇게까지 애를 쓰지는 않을 겁니다. 황제는 대부분 자신의 아들에게 제국을 물려주고 싶어 하는데, 거기서부터 문제가 발생합니다. 도요토미 히데요시도 자식이 없었을 때는 거의 완벽한 무장이었는데, 자식이 태어난 뒤부터 돌변합니다. 자신의 뒤를 잇게 해주겠다고 약속했던 사람들을 미련 없이 죽이고, 자기 아들에게 조금이라도 더 많은 것을 남겨주기 위해 조선을 침범하는 등 갈수록 이상한 행동을 하게 됩니다. 자신의 대에 한한 것이라면 자기가 죽음으로써 모든 것이 끝나니까 지나치게 욕심 부릴 필요가 없어지지만 대대손손 이어질 경우에는 욕망에 한계가 사라집니다. 무한대로 치닫게 되는 거죠.

어떤 자리에서 내가 이런 이야기를 하자 한 여성이 "황제는 정관절제를 한다고 정해버리면 되지 않을까요?" 하고 독특한 의견을 낸 적이 있습니다. 제위에 오르면 정관절제가 의무화되어 자손에게는 제위를 물려줄 수 없도록 한다면……. 그러나 이것은 남자의 본성을 잘 모르고 하는 소리입니다. 남자에게 그런 존재는 더 이상 황제도 뭣도 아니기 때문이죠. 아니, 황제이기 이전에 남자로서만 보아도 그것은 그야말로 치명적인 조치입니다. 그렇게 된다면 우리가 알고 있는 황제보다는 내시의 처지에 더 가까워지지 않을까요? 그러니 본성적으로 지배욕, 정복욕을 갖고 거대한 야망을 가진 남자들이 이것을 받아들일 리가 없습니다.

여하튼 많은 제국에서 '일족에 의한 현세적인 이익분배'와 '자신의 유전자에 의한 지배'라는 두 가지 현안이 많은 문제를 만들어내는 것이 사실입니다. 예를 들어 로마제국의 황제는 원로원의 승인이 필요하기 때문에 기본적으로는 세습이 아니지만, 실제로는 전 황제의 혈족이 후계자가 되는 경우가 대부분이어서 세습에 가깝다고 할 수 있습니다. 그리고 로마제국이 둘로 분열하게 된 것도 테오도시우스 황제가 자신의 두 아들에게 제국을 반씩 나눠준 것이 직접적인 원인이 되었습니다.

몽골제국도 로마와 비슷해서 칸의 후계자는 쿠릴 타이라

는 최고의회에 의해 정해지는데, 대개는 전 지도자의 혈족 가운데 선출됩니다. 러시아, 영국, 프랑스의 왕실은 전부 세습이고, 중국도 기본적으로는 세습에 의해 왕위가 계승됩니다. 중국은 왕조마다 성姓이 정해져 있어서, 가령 자손이 없을 때는 같은 성을 가진 사람 가운데서 황제를 선출했습니다. 이렇듯 어느 나라에서나 최고 권력자는 자신과 같은 피를 가진 일족에 세습하려는 의식이 상당히 강했다고 할 수 있습니다. 나폴레옹도 유능한 인물이었지만 고향 코르시카 섬에서 데리고 왔던 일족을 여러 관리직에 등용한 것이 나중에 그의 발목을 잡게 되죠.

일족을 중요한 자리에 앉히는 것도 그 근저에는 유전자를 남기려는 욕망이 있기 때문입니다. 그들에게 자식은 자신의 유전자에 의해 만들어진 복제품입니다. 자기의 복제품이 자신이 죽은 후에도 거대한 제국을 지배한다는 쾌감. 그것이 자신의 유전자를 남기고 싶다는 생물학적인 욕구와 이어지는 것입니다.

역사적으로 보면 세습에도 이점은 있습니다. 가장 큰 이점은 제국의 근간을 흔들 만한 후계자 다툼이 일어나기가 상대적으로 어렵다는 것이지요. 또한 어린 시절부터 차기 후계자가 정해지기 때문에 체계적인 황제 교육도 가능합니다. 그러나 역사적으로 보아 세습이 제대로 이루어지는 것은 안정기뿐입니다. 대외적으로 압력이 심해지면 평범한 군주로는 제대로 대항할 수 없기 때문에 실력 있는 사람이 필요하게 되고, 결국 왕권 교체가 이루어집니다.

자신의 유전자가 자신이 죽은 후에도 통치를 계속한다는 것은 어쩌면 환상에 불과한지도 모릅니다.

현대세계를 주무르는 '보이지 않는 제국'

오늘날 어떤 나라든지 다른 나라를 무력으로 제압하는 것은 국제사회가 용납하지 않습니다. 그래서 얼핏 보면 제국주의 자체가 사라진 것처럼 보이기도 합니다. 그러나 제국의 야망은 영역을 바꿨을 뿐 지금도 엄연히 살아 있습니다. 특히 제국의 야망이 가장 심하게 소용돌이치는 곳은 경제 분야입니다. 예를 들어 컴퓨터의 세계에서는 애플과의 패권다툼에서 승리한 마이크로소프트가 독주를 해왔는데, 지금은 구글이 상당 부분 그 영역을 잠식했죠. 패권을 둘러싼 그들의 싸움은 과거 제국의 이미지와는 조금 다르지만 모든 것을 자신이 장악하겠다는 야망은 제국주의의 본질을 조금도 잃지 않고 있습니다.

새로운 제국주의에 의한 패권다툼은 금융계에서도 일어나고 있는데, '글로벌리즘'이라는 이름으로 그럴듯하게 포장되어 불리고 있습니다. 일본도 예외는 아니어서 글로벌리즘이라는 이름하에 시장 개방에 거세게 내몰리고 있습니다. 시장을 개방하라는 것은 좀 거칠게 말해 '나의 먹이가 돼라' '내가 너를 먹게 해달라' 하는 이야기입니다. 제2차 세계대전 이후 대규모의 영토적 침략은 줄었지만 그 대신 금융기관들이 탐욕스럽게 먹이를 찾아다니게 되었습니다.

지금은 무력이 아닌 돈의 힘으로 침략하는 시대입니다. 금융 하면 흔히 '유대계 국제자본'을 말하는데, 실제로 유대인은 역사적으로 금융업에서 큰 성공을 거두었습니다. 이스라엘 건국 이전, 땅을 갖지 못했던 그들에게 금융자본이 유일한 영토였고 무기였기 때문입니다. 그런 '경제 영토의 확대'라는 유대계의 방식이 지금의 세계 정서와 절묘하게 들어맞은 것입니다.

현대사회는 국제적인 대규모 자본에 큰 영향을 받습니다. 일본의 경우, 다른 민족으로부터 영토를 침략당할 가능성은 거의 없지만 경제 영역으로 들어가면 얘기가 달라집니다. 일본이 비록 경제대국 중 하나라고는 해도 다른 나라나 어떤 거대한 금융 집단으로부터 직접적, 간접적으로 지배를 받게 될 가능성이 전혀 없다고 장담할 수는 없는 것입니다. 그리고 무엇보다 두려운 것은 그런 상태가 당사자인 일본인의 눈에는 잘 보이지 않는다는 겁니다. 이런 점에서는 다른 나라들도 마찬가지일 겁니다.

'보이지 않는다'는 것이 현대 제국주의의 최대 문제입니다. 지금 전 세계로 확대되어가는 제국은 이렇듯 눈에 보이지 않는 제국입니다. 그렇게 생각하면 전쟁의 이면에는 국제금융자본의 존재가 늘 도사리고 있다는 것도 납득이 됩니다. 아무튼 전쟁을 하려면 막대한 자금이 필요하니까요. 게다가 자본은 '국가'라는 틀에 얽매이지 않기 때문에 전쟁이 길어질수록 돈을 벌고, 어느 쪽이 이기든 손해를 보지 않는 구조를 만들 수 있습니다.

미국은 제2차 세계대전 이후 세계에서 유일하게 살아남은 제국이라고 하는데, 이제는 '자본'이라는 보이지 않는 새로운 제국으로 변신하고 있는 것입니다. 일본에서 일어난 라이브도어 사건포털사이트 라이브도어의 주가조작 사건 —옮긴이과 하게타카 펀드하게타카는 죽거나 병든 동물을 잡아먹는 검독수리로, 기업사냥꾼인 벤처펀드를 의미한다 —옮긴이 등이 보이지 않는 제국의 모습을 조금씩 드러내 보여주고 있습니다.

야망으로부터 자유로워지려면 '세습금지안'이 필요하다?

세계사에는 무소불위의 권력을 휘두르는 '가문'이 여럿 등장합니다. 르네상스기의 이탈리아에 군림한 메디치Medici 가, 중세부터 20세기 초까지 유럽에서 대공, 국왕, 황제를 배출한 합스부르크Habsburg 왕가 등이 있습니다. 현대에는 또 하나의 보이지 않는 제국을 건설한 국제자본 록펠러Rockefeller 가와 로스차일드Rothschild 가 같은 가문이 최고의 자리를 차지하고 있습니다.

가문은 결국 혈연에 의해 이어진 소수의 집단입니다. 태평양전쟁 전 일본의 재벌도 그 실체는 가문과 같습니다. 재벌은 기업의 형태를 취하고 있지만, 대개 핵심권력을 장악하고 있는 것은 가문 내 소수의 사람들이었습니다. 자신의 자녀, 자신의 혈연, 즉 자신의 유전자를 가진 사람들로 권력을 독점하고 싶다는 것은 어쩌면 만국공통의 '야망'인지도 모릅니다.

권력을 잡아도 그것을 양도받는 것이 자신의 육친이 아니라고 하면 남자로서는 상당히 의욕이 꺾일 것이 분명합니다. 그리고 처음부터 자신의 권력을 자식에게 넘길 수 없도록 되어 있다면 그런 세속적 욕심보다 자신의 뜻을 가장 잘 실현해 줄 사람을 후계자 자리에 앉히는 것을 목표로 하게 되겠죠. 그렇게 되면 차츰 제국의 야망 자체가 사라지지 않을까요?

눈에 보이지 않는 현대의 금융제국이 엄청난 부를 축적하는 것도 결국은 자녀와 후손에게 자신이 갖고 있는 것을 물려주고 싶어 하는 욕망 때문입니다.

한 사람이 자신을 위해 쓸 수 있는 돈은 생각보다 그리 많지 않습니다. 일본인의 경우, 평생 평균임금은 대략 20억 원 정도라고 하는데, 40년 동안 일한다는 가정하에 연봉으로 따져보면 약 5천만 원 정도입니다. 그 정도로는 부족하다는 사람도 있겠지만 부부 둘이서 연봉 1억 원이면 충분히 생활할 수 있습니다. 그것을 20억 원, 100억 원으로 늘려 잡기 시작하면 그때부터는 이미 자신을 위한 것이 아닙니다. 다음 세대의 출발지점을 한결 높게 잡고, 자녀에게 최고급 교육을 시키는 것으로 상류 계급을 유지하고자 하는 목표를 설정하게 됩니다. 그런 목표를 세우는 이유는 자신의 유전자가 대대손손, 영원히 이어질 수 있다고 믿기 때문입니다.

이런 욕망에 제동을 걸 수 있는 것은 인간으로서의 '이성'입니다. 또한 권력을 손에 쥐었을 때 유전자라는 무한한 가능성을 포기할 결심을 하는 것은 '궁극의 이성'이라고 할 수 있습니다. 본능적인 욕망과 싸워서 이성이 승리했을 때 인간은 비로소 '원숭이 산'의 세계에서 벗어날 수 있습니다. 어쩌면 인간의 진짜 진화는 그런 욕망을 완전히 극복하는 것일지도 모릅니다.

권력자는 전체의 일부에 불과하기 때문에 그 사람들의 유전자가 남지 않아도 큰 문제는 없습니다. 대개 1대는 유능해도 2대, 3대 내려갈수록 차츰 무능해진다는 이야기를 자주 듣습니다. 하지만 유전자에 대한 집착에서 자유로울 수만 있다면 우수한 인재는 얼마든지 구할 수 있습니다. 유능한 인재가 사람들을 위해 최선을 다한다면 자신의 대에서 쓸 수 있는 정도의 사치는 아마 대중도 웬만큼 인정해주지 않을까요? 그보다는 본인 혼자서는 다 사용하지도 못할 만큼 엄청난 부와 권력을 의무도 다하지 않은 혈족에게 남기려는 것이 문제입니다.

일본의 상속세는 할아버지에서 아들, 손자로 내려가면서 자산이 세금으로 거의 다 빠져나가고 없을 정도로 세율이 높습니다. 그러나 정치가는 2대, 3대 계속할 수 있습니다. 옛날이나 지금이나 '누구누구의 자녀'라는 것이 유리하게 작용하는 것이 바로 사회의 현실입니다. 그들은 돈보다 가치 있는 '기반'을 이어받기 때문에 쇠퇴하지 않습니다. 이것이 흔히 말하는 '의원 세습제'를 유지하는 이유가 되고 있는 것이죠.

사실 이 야망을 제재하는 것은 어렵지 않습니다. 부모와 같은 선거구에 입후보하지 못하도록 하는 법률을 만들면 됩니다. 그렇게 하면 그 사람 개인의 정치적 능력으로 승부를 걸 수밖에 없게 되는 거죠. 이 방법은 직업 선택의 자유도 침범하지 않으면서 평등하고 비용도 들지 않는 세련된 방식이지만 현실적으로는 말처럼 쉽지 않습니다. 법률을 만드는 그들 자신의 기득권을 침범하는 것이 되기 때문이죠.

결국 일본이라는 작은 섬나라의 의원이든, 세계적인 대제국을 건설한 황제든, 뒤에서 세계금융을 조종하는 자본가든, 그 야망의 근저에는 원숭이 산의 보스 원숭이와 같은 '본능적인 욕망'이 숨어 있습니다.

IMPERIALISM

4 MO

NSTERS

[자본주의, 사회주의,
파시즘이 일으킨 격진]

세계사에 나타난
몬스터들

1

현대세계를 지배하는 자본주의

Enjoy Capitalism

자본주의 사회의 진짜 적은
사회주의나 공산주의 같은
대립적인 이데올로기가 아니라
'자신의 뼛속까지 스며든 욕망'
그 자체라고 해도 지나친 말은 아닐 것입니다.

마르크스가 간파한 자본주의의 본질

현대세계를 결정짓는 시스템은 자본주의입니다. 미국을 필두로 한 세계화는 좋든 싫든 지구 위의 모든 나라들을 집어삼키고 있습니다. 이 자본주의는 도대체 어디까지 가야 직성이 풀릴까 하는 생각이 들 정도로, 마치 고장난 브레이크를 달고 질주하는 기관차처럼 미친 듯이 달려가고 있습니다.

현대세계를 지배하는 자본주의 시스템에는 여러 가지 문제가 있는데, 그중 가장 대표적인 것이 '빈부 격차'입니다. 자본이 자본을 만들어내는 이 사회에서는 가진 자는 자신이 가진 것으로 더 많은 재물을 모을 수 있는 반면, 가지지 못한 자는 아무리 애를 써도 부를 축적할 수 없습니다. 왜냐하면 높은 수준의 교육을 받지 못함으로 인해 낮은 임금과 열악한 노동 환경을 지속적으로 강요받기 때문입니다.

또한 자본은 늘 새로운 시장을 찾아 자신을 확대하려는 성질을 갖고 있는데, 이로 인해 일어나는 문제도 적지 않습니다.

19세기 유럽의 초기 자본주의 국가들이 차례로 식민지를 확대해나가며 제국화한 것도 '탐욕적으로 시장을 원하는 자본주의의 속성'에서 비롯된 결과였습니다. 그리고 그 자본주의의 본질과 문제점을 간파한 것은 다름 아닌 사회주의와 공산주의 사상의 창시자인 카를 마르크스Karl Heinrich Marx였습니다.

마르크스는 자신의 책 『자본론Das Kapital』에서 자본의 본질을 꿰뚫어 보는 것으로 자본주의의 구조를 날카롭게 파헤쳤습니다. 이 책의 요점은 "자본은 자기 증식을 행하는 가치의 운동체다"라는 것입니다. 즉 사회에 투하된 화폐가 유통하는 과정에서 보다 큰 화폐가 되어 회수된다는, '자본이 이윤과 잉여가치를 낳는 사회 시스템'을 자본주의라고 정의한 것입니다.

자본이 자기 증식을 한다는 것은 매우 뛰어난 통찰력입니다. 돈을 은행에 맡기거나 하는 방식으로 사회에 투하하면 자본은 점점 불어납니다. 예컨대 100억 원을 은행에 맡기면 그 이자만으로도 부유한 생활을 즐기며 살 수 있습니다. 운만 따라준다면 그 돈으로 주식에 투자해 더 큰 이익을 얻을 수도 있습니다. 땀 흘리며 일하지 않고 자본의 힘과 자기 증식력만으로 얼마든지 막대한 부를 손에 거머쥘 수 있는 것입니다.

이렇듯 자본을 소유한 소수의 사람들에게 자본주의는 매우 좋은 시스템이지만 그렇지 못한 사람들에게는 이보다 불공평한 시스템이 없습니다. 마르크스의 『자본론』은 바로 이 가진 자와 갖지 못한 자 사이의 불공평함을 날카롭게 통찰하고 있는데, 사람들은 그 덕분에 자본주의의 함정을 깨닫게 됩니다.

마르크스의 자본주의 시스템에 대한 통찰은 당대에는 말할 것도 없고 지금까지도 여전히 날카로움을 잃지 않고 있습니다. 비록 자본주의와의 싸움에서 사회주의가 패배했지만 그럼에도 불구하고 자본주의의 본질에 대한 마르크스의 통찰력은 지금도 유효합니다.

자본주의라는 '녹슨 기관차'는 왜 멈추지 않을까?

이렇듯 문제가 많고 모순덩어리임에도 불구하고 자본주의라는 기관차는 도대체 왜 멈추지 않는 걸까요? 완전한 설명이 될 수는 없지만 자본주의가 멸망하지 않는 것은 그에 대항하기 위해 등장했던 공산주의, 사회주의라는 실험이 명백한 실패로 끝났기 때문입니다.

그럼 왜 자본주의는 수많은 모순들에도 불구하고 여전히 건재한 데 반해 사회주의는 백 년도 버티질 못하고 붕괴해버리고 말았을까요? 우선 자본주의와 사회주의 사이에는 근본적인 차이가 있습니다. 그것은 자본주의가 태생적으로 인간의 본성에서 비롯된 자연적인 시스템인 데 반해 사회주의는 인위적으로 만들어졌다는 데 있습니다.

인간은 맨 처음 문명이 생겨나기 전부터 이미 물질에 대한 욕망을 갖고 있었습니다. 그런 욕망을 바탕으로 인간은 부富를 축적한 뒤 다른 사람에게 빌려주어 그것을 더욱 크게 만드는 방식으로 부를 늘려왔습니다. 그런 오랜 시간을 지나며 자연발생적으로 만들어진 것이 바로 자본주의입니다.

이미 앞에서 살펴보았듯이 그렇게 만들어진 자본주의라는 시스템 안에는 많은 문제점들이 도사리고 있습니다. 자본주의 자체가 수많은 문제를 끌어안고 있는 하나의 '몬스터'라고 할 수 있습니다. 하지만 문제가 있다고 해서 그것을 전면 부정하고 사람이 의도적으로 만든, 인공적인 시스템으로 바꾸려고 한다면 반드시 더 큰 문제가 생길 수밖에 없습니다.

'자본주의 대 사회주의'의 싸움은 시대의 발전과 시스템의 차이로 인한 다툼이 아니라 '자연발생적인 것과 인공적인 것'의 투쟁이었습니다. 하지만 마르크스처럼 뛰어난 인간의 두뇌에서 나온 발상에는 처음부터 한계가 있었고, 수천 년에 걸쳐 자연발생적으로 자리잡은 시스템에는 수많은 단점들에도 불구하고 나름대로 좋은 점이 있었습니다. 자본주의는 어떤 의미에서 '욕망'을 중심으로 돌아가는 시스템인데, 여기에서의 욕망이 꼭 나쁜 것만은 아닙니다. 욕망은 인간이 살아가는 데 가장 기본이 되는 요소이기 때문입니다. 예컨대 맛있는 것을 먹고 싶은 마음, 오래 살고 싶은 마음, 좋은 물건을 갖고 싶은 마음, 이런 것이 모두 욕망입니다. 그런 다양한 욕망들이 모여서로 충돌하고 화합하며 시나브로 만들어진 것이 바로 자본주의 시스템입니다.

사회주의는 자본주의의 문제점을 해결함으로써 하나의 이상적인 세계를 건설하고자 했기 때문에 사람들 하나하나의 근본적인 마음의 움직임을 무시한 채 시스템과 메커니즘을 만들 수밖에 없었습니다. 인간의 욕망을 완전히 무시한 채 이론적으로 이상적인 시스템을 만들었지만 결국 그것을 운용하는 인간은 여전히 욕망을 갖고 있었기 때문에 그것이 제대로 돌아갈 수가 없었던 것입니다.

사회주의가 세력을 확장해가고 머지않아 세상이 공산화될 거라고 믿었던 20세기 전반기는 인간이 지나치게 자신감을 가진 나머지 극도로 교만해진 시대였습니다. 즉, 이제까지 인간이 자연발생적으로 키우고 발전시켜온 시스템보다 자신들의 머리로 생각해낸 인공적인 시스템이 더욱 발전할 것이라고 믿을 만큼 엄청난 자신감이었습니다.

이러한 자신감의 배경에는 '근대'라고 하는, 자연은 본능적이고 인공은 이성적이라 여겼던 시대가 있었습니다. 근대는 이성 신앙의 시대입니다. 그러나 이성으로 욕망을 완전히 억누르는 것이 무리였다고 해서 욕망을 자유롭게 해방해도 되는 것은 아닙니다. 자본주의가 멈추지 않는 것은 인간의 욕망이 멈추지 않기 때문입니다. 그리고 인간의 욕망을 그대로 두면, 17세기 영국의 철학자 토머스 홉스가 『리바이어던』에 쓴 "만인의 만인에 대한 투쟁"과 같은 상황에 빠지게 될 것입니다.

현대의 우리에게 필요한 것은 자본주의라고 하는, 상황에 따라 아군도 될 수 있고 적군도 될 수 있는 '몬스터'를 적절히 길들이는 지혜입니다.

사회주의 몸체에 자본주의 바퀴를 달고 달리는 중국

자본주의의 모순과 문제점을 통렬히 비판했던 마르크스의 사상을 기반으로 만들어진 공산주의의 이상은 소련의 역사를 보아도 알 수 있듯이 결국 실패하고 말았습니다. 또한 사회주의 국가들의 종주국이었던 소련이 붕괴하면서 다른 사회주의 국가들도 너 나 할 것 없이 앞장서서 자본주의를 도입하고 있습니다.

그런 가운데 상당히 흥미로운 실험장이 되고 있는 곳이 바로 중국입니다. 중국은 소련을 따라 공산주의의 실현을 목표로 중화인민공화국을 수립했던 사회주의 국가입니다. 중국은 지금까지도 정치적인 면에서는 여전히 공산당에 의한 일당독재 체제를 유지하고 있습니다. 지금의 중국이 흥미로운 것은 공산주의 국가 특유의 독재적인 시스템은 유지한 채 경제적으로는 자본주의를 받아들여 야누스처럼 기묘한 사회 시스템을 만들어놓았기 때문입니다. 다시 말해 중국은 사회주의 몸체에 자본주의 바퀴를 달고 달리는 기관차와도 같습니다.

지난번 한 텔레비전 방송 프로그램에 출연했다가, 중국에 주재하는 어떤 사람으로부터 매우 흥미로운 이야기를 들은 일이 있습니다. 최근 중국에서는 여러 가지 환경문제가 대두되고 있는데, 그중 하나가 '백색오염' 문제라고 합니다. '백색'은 비닐봉투를 가리키는 것으로, 사용하고 난 비닐봉투를 마구 버려서 마을 여기저기에 나뒹굴기 때문에 그로 인한 문제가 심각해지고 있다는 것이었습니다.

올림픽을 개최해야 하는데 이대로는 안 된다—. 이런 고민 끝에 이 백색오염 문제를 해결하기 위해 정부가 비닐봉투 사용을 유료화하기로 결정했습니다. 그러자 놀랍게도 유료화 실행 당일부터 거의 모든 사람이 비닐봉투를 전혀 쓰지 않게 되었다고 합니다. 어제까지는 어차피 공짜이니 쓰지 않으면 손해라고 생각하는 듯 무분별하게 사용했던 사람들이 비닐봉투가 유료로 바뀐 순간 마치 서로 약속이나 한 것처럼 외면했을 뿐만 아니라 오히려 돈을 주고라도 사용하려는 사람들을 차가운 시선으로 보게 되었다고 합니다. 참으로 놀랍지 않습니까!

이야기를 들어보니 지금의 중국은 무슨 일이든 '위정부'에서 "오늘부터 이렇게 하라" 하고 지시하면 국민 모두가 일제히 그 말에 따를 정도로 일사불란하게 움직인다고 합니다. 도대체 그들은 어떤 심리로 규칙에 무조건적으로 따르는 것인지 궁금해서 한 중국인에게 물어보았는데, 대답은 의외로 단순했습니다. "그렇게 해서 좋아진다면 좋은 거 아닌가요?"

우리에게는 약간 의아한 일일 수도 있지만 효율성이라는 관점에서만 볼 때 어쩌면 그것은 나름대로 긍정적인 시스템인지도 모르겠습니다. 하지만 모든 국민이 약속이나 한 듯 일제히 행동을 바꾸는 일이 갖는 문제점과 위험성은 비닐봉투 유료화와 같은 좋은 방향일 때는 잘 드러나지 않습니다. 정부가, 혹은 시스템을 운용하고 통제하는 집단이 뭔가 나쁜 방향으로 사람들을 이끌고 가려 할 때 치명적인 문제로 나타나는 법입니다. 무슨 일에서든 모든 사람이 갑작스럽게 생각을 바꾸고 행동을 바꾸는 것은 어떤 의미에서 매우 위험한 일입니다.

정치적인 체제 면에서는 공산당 독재에, 경제적인 시스템 면에서는 사실상의 자본주의라는 이중구조의 거대한 나라 중국이 앞으로 어떻게 발전해나갈 것인지가 향후 세계사의 흐름에 대단히 큰 영향을 미칠 것입니다.

자본주의의 적은 자신 안에 있다

자본주의의 본질은 '차이를 만들어내어 차별화하는 것으로 가치를 창조'하는 데 있습니다. 이로 인해 자본주의 사회는 물건을 소비하는 '욕망 긍정사회'가 되었습니다. 그렇게 볼 때 자본주의의 진짜 적은 사회주의나 공산주의 같은 대립적인 이데올로기가 아니라 '자신의 뼛속까지 스며든 욕망' 그 자체라고 해도 지나친 말은 아닐 것입니다.

자본주의의 특징 중 하나는 물건이 순환한다는 것입니다. 그러나 현대의 선진국에서는 물건이 국민 생활 전반에 걸쳐 폭넓게 보급되어 있는 터라 개인의 욕망도 웬만큼 충족되어 있습니다. 경제가 성장 단계에 있을 때는 모든 사람이 '저것이 갖고 싶다' 하는 욕망을 갖게 됩니다. 그러나 현대의 선진국들의 경우 이미 많은 부분이 충족되어 있어 반드시 갖고 싶어 하는 것이 그리 많지는 않습니다. 게다가 최근에는 환경문제가 매우 중요한 화두로 부각되어 이대로 가면 인류의 미래는 없다는 문제의식과 불안감이 팽배해 있습니다.

현대사회에서는 '우선 냉장고, 다음은 텔레비전, 그다음은 자동차……' 하는 식으로 무엇이 갖고 싶다 하는 욕구가 과거에 비해 현저히 적어졌습니다. 따라서 지금의 소비는 실제적인 소비보다는 앞에서 말한 것처럼 기호를 소비하는 형태로 발전하게 됩니다. 기본적인 욕망이 이미 채워졌으니 새로운 욕망을 만들 필요가 생긴 것이죠.

그렇다면 이러한 '브랜드에 대한 욕망'은 어디에서 오는 걸까요? 그것은 개인이 자신의 존재와 위치에 만족하지 못하고 자신감을 갖지 못하는 불안감에서 비롯됩니다. 자신감이 사라진 데서 오는 불안감이 존재하는 한 명품은, 그러한 마음의 자급자족이 불가능한 사람들에게 일종의 보강제로서 기능할 것입니다. 또한 현대 사회에서 광고와 선전은 비록 겉모습은 다양한 형태를 취하고 있지만 궁극적으로는 불안감을 부추기는 것으로 구매에 대한 욕망을 만들어냅니다. 예컨대, 텔레비전의 광고를 보면 이것을 잘 알 수 있습니다.

"당신이 이걸 갖고 있지 않다는 것은 시대에 이미 뒤처졌다는 증거입니다!"

"이것만 있으면 당신도 안심입니다!"

남들이 다 가진 것을 자기만 갖고 있지 않다는 왠지 모를 열등감, 자신이 갖지 못한 것을 다른 누군가가 갖고 있다는 부러움이나 질투심, 그런 여러 가지 불쾌한 감정의 반동으로 명품을 향한 강렬한 욕망을 갖게 되는 것이 현대 자본주의 사회의 본질적인 모습입니다.

현대의 미국, 그리고 서구 유럽 선진국들에서의 자본주의는 정체상태에 빠져 있습니다. 하지만 그렇다고 해서 자본주의 시스템을 포기하거나 멈출 수도 없기 때문에 끊임없이 새로운 길을 찾아가고 있는 것입니다.

신흥 자본주의 중국과 인도의 역습

자본주의는 어떤 면에서 이미 벽에 부딪혔다고 할 수 있습니다. 기호의 소비라는 문제가 고민스러운 것은 어디까지나 선진국들에 한정된 이야기로, 아직 자본주의가 발전 단계에 있는 인도나 중국 같은 나라들에서는 그런 문제가 표면으로 드러나지 않고 있습니다. 오히려 그들이 자본주의의 은혜를 입는 것은 지금부터입니다. 자본주의 시스템의 진행 속도가 의외로 쉽게 떨어지지 않는 것은 바로 그 때문이라고 할 수 있습니다.

중국이나 인도 같은 나라에서는 미국이나 서구 유럽 국가들처럼 아직 기본적인 욕망이 채워지지 않았습니다. 두 나라의 인구 역시 만만치가 않습니다. 현재 중국과 인도의 인구는 각각 14억 명이 넘습니다.2024년 기준 이렇게 거대한 인구를 가진 공룡 시장이 성장일로에 있으므로 자본주의는 아직 멈추지 않는다는 겁니다. 단, 여기서 문제는 이 두 나라가 어떠한 자본주의를 전개해나갈지 정확히 예측하기 어렵다는 점이죠.

이들 두 나라는 모두 독특한 사정과 문제점을 안고 있습니다. 그리고 그것이 두 나라의 자본주의에 과연 어떤 영향을 미칠지 알 수 없습니다. 오늘날의 중국은 표면적으로는 공산주의를 지향하면서도 경제 시스템의 측면에서는 자본주의를 전면적으로 받아들이고 있습니다. 따라서 자본주의 사회의 큰 병폐 중 하나인 빈부 격차 문제에 있어서도 중국은 다른 자본주의 국가들과 똑같은 문제를 안고 있습니다.

인도의 경우를 살펴볼까요? 솔직히 말하면, 나는 인도가 이 정도로 급속히 경제 발전을 이루리라고는 예상하지 못했습니다. 18세기 후반 이후 영국에 의해 식민지화가 추진되었던 인도는 항상 강자에 의해 착취당하는 위치에 있었습니다. 그 결과, 영국이 급속도로 경제 발전을 이루는 동안 인도는 지배자인 영국의 경제를 지탱해주는 거대한 플랜테이션으로 전락해 가혹한 노동과 수탈이 지속되는 상태였습니다.

제2차 세계대전 당시 인도는 '자치를 인정할 테니까……' 라는 영국의 구두 약속을 믿고 무려 150만 명의 대규모 군대를 영국군에 파병했습니다. 그러나 그 약속은 지켜지지 않았습니다. 그런 배신을 당하면서도 인도는 마하트마 간디의 지도하에 비폭력 독립운동을 계속하여 1947년 마침내 독립을 이루게 됩니다.

인도의 경제적인 발전은 20세기 초에 일어난 국산품 애용 운동스와데시 운동과 전쟁으로 인한 수요 증대에 의해 극히 일부지만 민족 자본가라 불리는 사람들이 형성되는 데서부터 시작됩니다. 2008년 6월, 미국의 자동차 회사 포드로부터 '재규어'와 '랜드로바'라는 두 개의 브랜드를 23억달러에 매수함으로써 단번에 유명 자동차 제조업체가 된 타타 모터스는 이 무렵 인도에 생겨난 민족 자본 가운데 하나인 타타 그룹의 자회사입니다. 참고로 재규어와 랜드로바는 산업혁명의 발상지이자 자본주의의 종주국이라 할 수 있는 영국에서 시작된 자동차 브랜드입니다. 게다가 인도는 불과 반세기 전까지만 해도 영국의 식민지였습니다. 이 부분에서 우리는 역사의 아이러니를 느끼게 됩니다.

그 밖에도 제1차 세계대전 중 투기로 벌어들인 자금을 바탕으로 섬유산업에서 크게 성공한 비를라 그룹과 신흥 릴라이언스 그룹 등의 재벌이 인도 경제의 버팀목 역할을 하고 있습니다. 또한 그동안 수학교육에 주력해온 인도는 뛰어난 자국의 인재를 적극 활용하여 IT산업 분야에서 특히 급속도의 성장을 이루며 유럽 선진국들마저 주눅 들게 하고 있습니다.

이렇듯 거대 자본을 가진 재벌과 고등교육을 받은 인재를 모두 소유한 인도라는 나라의 발목을 붙잡고 있는 것은 다름 아닌 '카스트제도'입니다. 카스트제도는 오래전, 석가모니가 살았던 시대부터 이어져온 낡고 고리타분한 신분제도입니다. 위에서부터 브라만, 크샤트리아, 바이샤, 수드라의 네 단계로 신분이 나뉘는데, 그것이 인도에서의 직업과 지위 획득에 큰 영향을 미칩니다.

법률상으로 카스트제도는 1950년에 제정된 헌법에 의해 전면적으로 금지되어 있습니다. 즉 법적으로 카스트는 사라진 셈이지만 인도 사회에서는 그 악습이 여전히 뿌리 깊게 남아 있어서 여러 측면에서 인도 발전의 발목을 잡고 있는 것이 엄연한 현실입니다. 앞으로 자본주의가 더욱 발전해감에 따라 이러한 카스트제도가 어떤 문제로 이어질지는 누구도 예측하기 어렵습니다.

또한 자본주의라는 전체적인 관점에서 보았을 때 이제까

지의 자본주의가 지구 환경을 급속도로 파괴함으로써 지구온난화와 에너지 문제를 일으켰다는 측면도 있습니다. 지금까지 그랬던 것처럼 대량으로 회전시키고 소비하는 자본주의 방식을 앞으로 대폭 개선해야 한다는 선진국의 주장을, 거침없이 앞으로 나아가려 하는 중국과 인도 같은 신흥자본주의 국가들에 어떻게 납득시킬 것인가 하는 문제인 것입니다. 실제로 이산화탄소 배출량 삭감에 대해서도 자기들과 보조를 맞추기 바라는 선진국들의 주장에 대해 중국과 인도는 "우리는 앞으로 더 발전해야 하는 상황이니 방해하지 마라" "환경보다 자국의 발전을 우선한다" 하는 식의 주장으로 맞서고 있습니다.

물론 그들의 주장에도 일리가 없는 것은 아닙니다. 하지만 나는 종종 자본주의라고 하는, 가진 자와 갖지 못한 자의 차이를 기본으로 한 체제에서 세계 인구의 대부분이 가진 자가 되었을 때 과연 이 시스템이, 그리고 더 나아가 지구라는 별이 과연 그 엄청난 압력을 견디어낼 수 있을 것인가 하는 의문을 갖곤 합니다. 이것은 겪어보지 않으면 알 수 없는 일입니다. 사람의 계획이 뜻대로 되지 않을 수 있다는 것은 이미 경험한 사회주의 시스템의 실패로도 얼마든지 예측할 수 있습니다.

자본주의의 미래는 인류 전체의 미래이기도 합니다.

2

20세기 최대의 실험, 사회주의

사회주의가 역사의 필연이 아니라
관료제가 역사의 필연이었다는 것은
본질을 꿰뚫는 탁월한 통찰입니다.
실제로 관료제는 시간이 경과하면서
더욱 고착될 수밖에 없고
종국에는 실패로 귀결하게 됩니다.

마르크스주의가 지식인에게 '리트머스 시험지'였던 시대

예전 대학에는 '좌익사상을 갖지 않으면 학생이 아니다' 하는 분위기가 있었습니다. 지금이야 그렇지 않지만 내가 대학에 입학했던 1980년 전후만 해도 아직 그런 기운이 남아 있었지요. 대학생이라면 한 번쯤 천황제를 비판하지 않으면 안 되는 분위기였고, 일반인에 비해 좌익적인 사상이 훨씬 강한 편이었습니다.

그런 의미에서 볼 때 당시 대학에서는 좌익적인 사상, 즉 마르크스주의적인 사상이 곧 지식인의 소양이라고 생각했습니다. 당시 학생들에게 인기였던 것은 좌파 지식인의 대표로 인정받던 장 폴 사르트르Jean Paul Sartre와 루이 알튀세르Louis Pierre Althusser였고, 그 후에 나타난 교육과 사회계급에 대해 고찰한 사회학자 피에르 부르디외Pierre Bourdieu의 사상은 새로운 관점을 제시했습니다.

부르디외는 돈으로서의 '자본'뿐 아니라 '사회관계자본'이라는 것이 있다고 지적했는데, 사회관계자본은 돈으로서의 자본 이상으로 막강한 영향력을 갖고 있다고 주장했습니다. 사회관계자본이란 간단히 말해 '인맥'입니다. 즉 사람들이 갖는 신뢰관계나 인간관계가 '자본'이 되는 것입니다. 이런 관점은 마르크스가 「포이어바흐에 관한 테제」에서 주장한 "인간은 사회적 모든 관계의 총체"라는 개념을 비꼬아서 발전시킨 것입니다.

또한 그는 '문화자본'이라는 말도 했습니다. 이것은 계층에 따라 좋아하는 문화가 다르다는 것을 의미합니다. 예컨대 그는 『구별짓기』라는 책에서 바흐의 '평균율 클라비어곡집'을 듣는 것은 계층이 높은 사람, 대중음악을 듣는 것은 계층이 낮은 사람, 하는 식으로 취미도 계층에 따라 차별화된다고 주장했습니다. 즉 자본주의에 의해 만들어지는 계층이 금전적인 면 이외에도 여러 가지 불공평한 조건을 만들어낸다는 인식인 것입니다. 당대의 지식인들은 그런 불합리함과 불공평을 개선하기 위해 지성을 활용해야 한다는 일종의 '사명감'을 갖고 있었던 것 같습니다. 그런 까닭에 당시 대학에 입학한 학생이 사회주의 세례를 받게 되는 것은 '너, 이 리트머스 시험지를 핥아봐' 하는 의미와도 같았습니다. 그 결과 반응이 좋지 않으면 '아직도 무지몽매한 자본주의 앞잡이 같은 생각을 하고 있나?'

하는 비판을 듣게 되는 것입니다. 이처럼 과거에는 자본주의를 향한 엄격하고 비판적인 분위기가 있었습니다.

그러나 당시 소련의 상황을 통해 알 수 있듯이 현실 사회주의 국가에서는 이미 치유하기 어려운 다양한 모순과 문제점이 봇물처럼 터져 나오고 있었습니다. 그런데도 사상계는 그런 현실에 의도적으로 눈을 감는 태도로 일관했습니다.

스스로 붕괴한 제국, 소비에트 연방

세계 최초의 사회주의 국가 소비에트 연방Soviet Union에서의 공산주의 실험은 실패로 끝나고 말았습니다. 여기엔 미국과의 광적인 경쟁이 한몫을 했지만, 궁극적으로 소련은 다른 나라에 의해 멸망한 것이 아닙니다. 그 자신이 만들어낸 사회주의라는 시스템이 빚어낸 수많은 문제들이 오랜 시간에 걸쳐 곪을 대로 곪고 썩을 대로 썩어 마침내 붕괴로 치달은 것입니다.

소비에트 사회주의 공화국 연방은 세계 최초로 사회주의라는 기치를 내걸고 탄생한 국가로, 1922년에 성립되어 1991년 붕괴하기까지 69년 동안 수많은 사람들의 희생을 강요하며 유지되었습니다.

소비에트의 역사는 처음부터 피로 물들었습니다. 스탈린

독재시대, 혁명 이래 정적이었던 트로츠키Leon Trotsky, 지노비예프Grigory Zinovyev, 부하린Nikolay Bukharin 등이 숙청당한 것은 유명한데, 그런 공산당원을 비롯한 장교뿐 아니라 비당원과 일반 민중까지 포함하면 그 수를 다 셀 수 없을 정도정확한 통계가 없고, 수백만 명에서 1천만 명이 넘는다는 설까지 다양하다라고 합니다. 입으로는 프롤레타리아를 위한 국가를 자처하며 민중을 최우선시한다고 하면서도 실제로는 아무렇지도 않게 엄청난 수의 반대파를 숙청한 잔인한 체제였습니다. 이 체제에서는 자유로운 발언도 인정되지 않았고 선거도 입후보에 의한 자유선거가 아니었습니다.

1936년 '노동자 및 농민의 사회주의 국가'의 기본법으로 제정된 '스탈린 헌법'을 보면 "연방회의, 민족회의의 이원제로 구성되는 입법부는 만 18세 이상의 남녀에 의한 보통선거로 선출된다"라고 되어 있습니다. 하지만 그 선거의 실체는 당 기관이 추천하는 명단에 찬성하는 것이 고작이었습니다. 스탈린 헌법은 1977년 개정되었는데, 이전 것을 보나 상세히 규정한 것일 뿐 실상 달라진 것은 아무것도 없습니다.

5개년 계획으로 대표되는 계획경제는 다양한 문제를 안고 있었습니다. 그럼에도 불구하고 어느 정도의 성과는 있어서 공업국으로의 전환에 주력한 소련은 미국 다음가는 대국의 지위를 얻을 수 있었죠. 소련은 제2차 세계대전의 승리로 독일, 폴란드, 체코슬로바키아로부터 각각 영토를 획득하여 서쪽으로 세력권을 크게 넓혔습니다. 동시에 일본으로부터도 사할린 남부와 치시마열도쿠릴열도를 얻어 동남쪽으로도 세력을 확장했습니다.

이렇게 함으로써 세계적인 대국으로 성장한 소련은 자본주의 국가인 미국과 대립하며 냉전시대를 만들어냈는데, 그와 동시에 나라 안쪽의 사정은 하루하루 악화되어 갔습니다. 1953년, 독재자 스탈린이 사망하고 니키타 흐루쇼프Nikita Khrushchyov가 새로운 지도자가 됩니다. 흐루쇼프는 스탈린을 강하게 비판하며 그전까지의 전체주의적 정책을 대폭 수정, 완화합니다. 그러나 그가 열정적으로 추진했던 농업정책이 실패로 돌아가고, 서방국들에 대한 관용적인 정책이 대대적인 비판의 도마에 오르게 되면서 1964년에 실각합니다.

다음으로 지도자가 된 레오니트 브레즈네프Leonid Brezhnev는 외교 문제에만 주력했기 때문에 국내의 관료체제가 부패하고 식재료와 연료, 생활필수품의 공급까지 정체되어 국민은 더욱 힘든 생활을 강요받게 됩니다. 1979년, 브레즈네프는 공산주의 정권을 지지하기 위함이라는 명목으로 아프가니스탄을 침공하는데, 이 또한 실패로 끝나면서 그렇지 않아도 침체에 빠져 있던 경제가 더욱 악화일로를 걷게 됩니다.

그런 심각한 상태에 빠진 경제적 위기를 타결하기 위해 1985년 미하일 고르바초프Mikhail Gorbachev의 지도하에 '페레스트로이카개혁'와 '글라스노스트개방'를 추진했고, 1990년에는 복수정당제와 대통령제를 도입합니다. 그러나 다음 해인 1991년, 대통령에 취임했던 고르바초프가 사임하고 각 연방공화국이 주권국으로 독립함으로써 소련은 세계사에서 사라져버립니다. 이렇듯 소비에트 사회주의 공화국 연방은 건국 당시 내걸었던 이상을 거의 실현하지 못한 채 붕괴하고 말았습니다.

사회주의는 착취와 억압을 당하던 노동자들이 힘을 갖게 되면 자유롭고 풍요로운 나라를 만들 수 있다는 논리로 무장하고 있었지만, 실제로는 그렇지 못했습니다. 자유는 더욱 억압되고, 생활은 갈수록 어려워졌으며, 수많은 생명이 희생을 당해야 했습니다.

마르크스의 『자본론』이라는 미궁에서 탄생한 사회주의라는 종교

마르크스주의를 비판한 영국의 철학자 칼 포퍼Karl Popper는 "마르크스주의는 '반증 가능성이 낮다'는 이유로 과학이 아니" 라고 주장합니다. 마르크스주의는 부정하려고 해도 요리조리 잘 빠져나가서 제대로 반증할 수 없다, 따라서 이런 것은 과학이라고 할 수 없다, 라는 것입니다.

그럼 왜 마르크스주의는 요리조리 잘 빠져나가는 것처럼 보이는 걸까요? 그것은 마르크스와 엥겔스Friedrich Engels가 너무나 방대하고도 탄탄한 논리로 무장하고 있는 『자본론』이라는 책을 썼기 때문입니다. 『자본론』은 대작 중의 대작입니다. 전체 3부로 구성되어 있는데, 이 중 마르크스 자신이 쓴 것은 1867년에 나온 1부뿐입니다. 나머지 2부와 3부는 마르크스가 죽은 뒤 그가 남긴 방대한 초고를 정리하는 형태로 엥겔스가 완성한 것입니다. 그 정도로 대작이라 웬만한 사람은 끝까지 읽어내기도 어렵습니다. 따라서 책 자체가 하나의 미궁과도 같은 존재가 되어버렸죠.

러시아혁명~소비에트 연방의 발전과 붕괴의 역사

1917. 3
3월 혁명,
로마노프 왕조 멸망

1917. 4
레닌, '4월 테제' 발표
→ '모든 권력을
소비에트에'

1917. 11
레닌, 트로츠키 등에
의한 11월 혁명
→ 소비에트 정권 수립

1918. 1
볼셰비키에 의한
일당독재 체제 확립

1936. 12
스탈린 헌법 제정

제2차 세계대전에서
동서냉전으로

1953. 3
스탈린 사망,
흐루쇼프가
제1서기에 취임

1955. 5
바르샤바 조약 조인

1972. 5
닉슨 미국 대통령,
모스크바를 방문
→ 데탕트(긴장 완화)로

1977. 6
신헌법 발표

1979. 12
아프가니스탄
군사 개입

1985. 3
고르바초프,
서기장에 취임

1922. 12
소비에트 사회주의
공화국 연방 성립

1924. 1
레닌 사망. 스탈린과
트로츠키의 대립

1928. 10
제1차 5개년 계획

1929. 1
트로츠키,
국외 추방

1956. 2
스탈린 격하 운동

1957. 10
인공위성
스푸트니크 1호
발사 성공

1961. 4
유인우주선
보스토크 1호
발사 성공

1964. 10
브레즈네프,
제1서기
(이후에 공산당
서기장)에 취임

1986. 4
체르노빌
원자력 발전소 사고

1990. 3
공산당 일당독재 포기,
고르바초프
초대 대통령 취임

1991. 7
옐친, 대통령 취임

1991. 12
연방 해체,
독립국가
공동체 발족

"사회주의로 이행하는 것은 사회가 원시공동체에서 노예제, 봉건제, 자본주의로 진화하고 발전한 결과로서 필연적인 것이다." 이것이 바로 마르크스주의의 기초이론인 사적유물론의 요점입니다. 마르크스는 인간의 역사를 계급투쟁의 반복으로 간주합니다. 그리고 그 투쟁은 하층민이 상층민을 타도함으로써 평등하게 된다, 따라서 역사의 필연으로 언젠가는 완전히 평등한 사회가 될 것이라고 주장합니다.

마르크스보다 조금 늦게 등장한 정신분석학자 프로이트는 마음의 하부구조로서 인간의 무의식잠재의식에 주목했습니다. 그에 반해 마르크스는 사회의 하부구조로서 경제에 주목했다고 할 수 있습니다. 확실히 "사람은 경제적인 위치와 수입에 의해 사고방식이 달라진다. 따라서 문화 또한 경제적인 기반에 의해 달라진다"라는 명제는 탁월한 통찰력을 담고 있습니다. 마르크스가 『자본론』 등의 책을 통해 그런 견해를 피력하기 전까지는, '사람은 누구나 자유롭게 사고하는 존재다, 무엇이든 자신이 선택하고 결정한다, 사회나 사물에 대한 견해 등은 모든 것을 자유롭게 선택한 것이다'라는 생각이 지배적이었습니다. 하지만 마르크스가, 아니 그의 이론이 등장한 이후로 많은 사람들이 그에 동의하기 시작했습니다.

마르크스의 주장에 따르면, 프랑스혁명은 민중을 탄압하고 학대하는 왕을 단두대로 보내 사형에 처했기 때문에 '혁명'입니다. 하지만 그럼에도 불구하고 결정적인 것이 빠져 있는 미완의 혁명이라고 그는 말합니다. 왜냐하면 프랑스혁명으로 자유를 얻은 것은 전체 민중이 아닌 부르주아인 유산계급이기 때문입니다. '아직 자유롭지 못한 많은 사람들이 남아 있다. 그들의 자유는 어떻게 되는가'를 생각한 마르크스는 남겨진 많은 무산계급인 '프롤레타리아'에 의한 세계혁명의 필연성을 이야기합니다.

마르크스주의는 전 세계 프롤레타리아 계급의 단결과 연대가 역사를 변혁으로 이끈다는 혁명의 이론과 진보적 이미지가 수많은 가난한 사람들의 마음을 사로잡아 세계사에서 공전의 히트를 친 것이었습니다. 어느 시대나 민중의 무지를 이용해 권력을 잡는 것은 중세시대에 가톨릭교회가 신의 말을 독점한 것과 같은 구도입니다.

마르크스가 쓴 방대한 책 가운데 '프롤레타리아의 독재' 개념에 대해 가장 알기 쉽고 이상적인 부분만을 서술한 「마르크스 레닌주의」가 있습니다. 이는 소련이라는 나라의 이론적 근간이 되었는데, 여기에서는 다소 교조적인 사고방식이 느껴져 왠지 종교적인 냄새가 납니다. 그렇기 때문에 스탈린은 기존의 종교를 탄압할 수밖에 없었을 겁니다. 또한 스탈린 시대의 소련은 스스로를 '과학적인 학문'이라는 그럴듯한 액세서리로 포장했는데, 그것이 오히려 본질을 보기 어렵게 만든 측면도 있습니다.

'평등'과 '독재'는 종이 한 장 차이

소련 · 중국 · 캄보디아의 비극

사회주의를 고찰함에 있어 또 하나 지나칠 수 없는 것이 있습니다. 그것은 평등을 지향하는 사회주의가 왜 필연적으로 폭력에 의한 독재로 나아갈 수밖에 없는가 하는 것입니다. 소비에트 사회주의 연방 공화국의 탄생은 로마노프Romanov 왕조의 니콜라이 2세Aleksandrovich Nikolai II의 처형으로부터 시작됩니다. 이것은 프랑스혁명 당시 국왕을 처형한 일을 모방한 것이지만 소련에서는 그 후에도 많은 숙청과 학살이 일어납니다. 이 무렵 일본에서도 좌익단체 등에서 내부인에 의한 폭행과 살인사건이 일어났습니다. 그런 행위를 아무렇지도 않게 저지르면서 그들은 이전까지 해온 운동의 업적을 스스로 평가한다는 뜻의 '총괄總括'이라는 단어자아비판에 가까운 일본식 표현—편집자를 사용했습니다. "혁명가가 되고자 한다면 자기총괄하라"고 말하며 정신없이 다그쳤는데, 그 실상은 폭력에 의한 사상개조,

혹은 내부의 권력 다툼에 지나지 않았습니다. 다시 말해 절대 권력자가 생겨나고 그 권력자에 대한 충성이 요구되는데, 만일 그에 따르지 않으면 '총괄'이라는 이름하에 폭력적인 방식으로 사상개조가 이루어지는 것입니다.

소비에트뿐 아니라 중국과 캄보디아의 폴 포트Pol Pot 정권하에서도 이런 현상을 목격할 수 있습니다. 마오쩌둥毛澤東 시대의 중국 공산당이 1960년대부터 1970년대에 걸쳐 일어난 문화대혁명을 통해 학살한 자국민의 수는 일설에 따르면 무려 1천만 명이 넘는다고 합니다. 폴 포트 시대의 학살은 1백만 명, 혹은 3백만 명 정도로 추산하는데, 당시 캄보디아의 인구는 약 8백만 명 남짓이었으므로 학살당한 사람의 수가 어느 정도인지 짐작하고도 남음이 있습니다.

캄보디아에 폴 포트 정권이 탄생한 것은 1975년입니다. 오랫동안 계속된 베트남전쟁에서 미군이 철수하자 친미정권의 붕괴를 계기로, 한동안 권좌에서 밀려나 있던 시아누크 국왕이 폴 포트가 이끄는 좌파세력과 결합해 정권을 장악했습니다. 이후 '동양의 히틀러'로 불리게 되는 폴 포트는 20대 때 장학금을 받아 프랑스에서 유학한 것을 계기로 공산주의자가 되었습니다. 그는 캄보디아에 귀국한 후 공산주의 정당인 크메르 루주Khmer Rouge의 지도자가 됩니다.

폴 포트의 목적은 무력을 동원하여 인위적으로 완벽한 공산주의를 만들어내려는 것이었습니다. 전후 황폐해진 농촌을 다시 일으킨다는 명분을 내세워 대도시의 주민과 자본가, 지식인 등 유산계급의 재산을 전부 몰수하고 농촌으로 강제이주시켜 농사를 짓게 하고, 명령을 어기는 자는 당원까지도 철저히 탄압하고 학살했습니다.

만일 누군가 "세계사에서 가장 많은 동족을 학살한 인물은 누구일까?"라는 퀴즈를 낸다면 마오쩌둥, 스탈린, 폴 포트의 순서일 겁니다. 이들의 공통점은 사회주의 국가, 혹은 공산주의 국가를 지향했다는 것입니다. 이들이 많은 사람을 죽인 것은 권력의 자리에 앉기 위해서였는데, 단순히 권력을 잡는 것 자체는 다른 나라에서도 흔히 일어나는 일입니다. 어느 나라에서나 쉽게 일어나는 일이 사회주의 국가의 경우 그 체제의 속성상 대량학살로 이어지기 쉽습니다. 그들의 숙청 방식을 보면 '잡초 뽑기'가 연상될 정도입니다. 이상적인 땅으로 만들기 위해 자연적으로 자란 나무를 일세히 베어내고 자신이 원하는 나무만 심는 것과도 같은 부자연스러움과 억지스러움인 것이지요. 그러나 자연적으로 자란 숲의 식물을 전부 뽑아버리고 한 종류의 나무만 심으려는 사회주의 특유의 '플랜테이션 사상'은 인간 사회에는 근본적으로 맞지 않았습니다. 그렇듯 처음부터 불가능한 일을 너무도 무리한 방식으로 이루려 했기 때문에 힘에 의한 숙청이 필요했고, 결국 그것이 자신의 목을 조여 자멸에 이르게 된 것입니다.

러시아혁명 직후, 소련 사회주의의 몰락을 예견한 인물

이러한 사회주의의 실패를 러시아혁명 직후부터 예언한 인물이 있었습니다. 앞에서도 소개한 독일의 사회학자 막스 베버Max Weber가 바로 그 사람입니다. 그의 강연록을 바탕으로 출간된 『사회주의』는 1918년 6월 빈에서 오스트리아의 장교단에게 했던 연설을 정리한 것으로, 분량은 적지만 내용은 매우 탄탄한 양서입니다.우리나라에는 『관료제』라는 책의 부록으로 실려 출간되었다—편집자 여기서 베버는 관료제의 필연적인 결과로서 사회주의는 멸망할 수밖에 없다, 라고 주장합니다.

지금은 누구나 관료제의 부패가 소비에트 사회주의 연방 공화국의 붕괴로 이어졌다고 이해할 수 있지만, 이 책의 바탕이 된 강연이 이루어진 것은 러시아혁명 바로 다음 해1918년입니다. 그렇기 때문에 우리는 베버의 혜안과 통찰력에 탄복하지 않을 수 없는 것입니다. 당시만 해도 이 강연 내용이 사회주의의 미래를 정확히 예측한 것이 되리라고는 아무도 짐작하지 못했을 겁니다. 왜냐하면 러시아혁명의 대의에 찬성했던 사람들에 의해 앞으로 세계 여러 나라에서 사회주의 혁명과 공산당 성립의 움직임이 들불 번지듯 일어날 것이라고 기대하고 있었기 때문입니다.

일국사회주의로 시작된 소비에트지만 최종적인 목표는 '세계혁명'과 '공산화'였기 때문에 그것을 실현하기 위해 코민테른Comintern, 제3인터내셔널을 설립하여 세계 각국에 공산당을 탄생시켰습니다. 뒤의 연표를 보면 러시아혁명의 성공이 세계사에 얼마나 큰 영향을 끼쳤는지 알 수 있습니다. 이러한 사회주의화에 더욱 박차를 가한 것이 제2차 세계대전입니다. 소련군의 추격에 의해 나치스Nazis 독일로부터 해방된 동유럽 국가들 사이에서 차례로 공산당 정권이 탄생했기 때문입니다. 독일, 폴란드, 헝가리, 불가리아, 루마니아, 체코슬로바키아…….

사회주의 국가가 확대되는 것을 두려워한 미국은 1947년 반소 · 반공 정책인 트루먼 독트린Truman Doctrine을 발표합니다. 이것으로 미국과 소련이라는 두 대국을 중심으로 하는 냉전시대가 시작됩니다. 그 후 1949년, 미국이 중심이 되어 서방 12개국으로 이루어진 군사기구 '북대서양조약기구NATO'를 결성하자 소련은 1955년 동유럽 국가들과 군사기구인 '바르샤바조약기구'를 결성해 그에 대항합니다. 이로써 20세기 말에 이르기까지 지속되는 '동서 냉전체제'가 확고히 자리 잡게 됩니다.

현재 사회주의 국가는 중국중화인민공화국, 북한조선민주주의인민공화국, 베트남, 라오스, 그리고 쿠바 정도밖에 남지 않았습니다. 하지만 내가 초등학교에 다니던 무렵만 해도 이대로 가면 전 세계의 모든 나라들이 사회주의화 되지 않을까 하는 두려움이 일 만큼 엄청난 속도로 세력이 확대되었습니다.

국가의 노예로 전락한 '위대한' 노동자들

막스 베버는 『사회주의』에서 "관료제화는 자본주의는 물론 사회주의에도 공통적으로 흐르는 역사의 필연이자 숙명"이라고 말합니다. 사회주의가 역사의 필연이 아니라 관료제가 역사의 필연이었다는 것은 본질을 꿰뚫는 탁월한 통찰입니다. 실제로 관료제는 시간이 경과하면서 더욱 고착될 수밖에 없고 종국에는 실패로 귀결됩니다. 사회주의에서는 무엇이든 국영화하면 관료의 감독 아래 놓이고, 생산은 국가에 의해 엄격히 통제되므로 공산당정부가 치밀하게 계획하고 추진하면 반드시 성공할 것이라고 믿었습니다. 그에 대해 베버는, 관료제는 필연적으로 부패할 수밖에 없기 때문에 그런 식으로는 결

세계 각국으로 파급된 공산(사회)주의

1917
러시아혁명

1918
독일혁명(실패
→바이마르공화국 탄생)

1919
헝가리혁명
(공산주의정권이 탄생하지만
단명으로 끝난다)

1925
조선공산당 결성
영국에서
대규모 총파업

1926
베트남민주공화국
(북베트남) 성립

1945
폴란드, 소비에트 지배하에
불가리아인민공화국 성립

1959
에티오피아,
사회주의경제
이행 계획 발표

1974
라오스인민
민주공화국 성립

1975
캄보디아,
폴 포트 공산주의정권 성립

1920
인도네시아공산당 결성
인도공산당 결성

1921
프랑스공산당 결성
중국공산당 결성
이탈리아공산당 결성

1922
일본공산당 결성

1924
몽골인민공화국
성립

1946
체코슬로바키아
공산주의정권 성립

1948
중화인민공화국 성립

1949
독일민주공화국(동독) 성립
헝가리인민공화국 성립
폴란드인민공화국 성립

1952
쿠바혁명
(혁명정권 수립,
카스트로 수상 취임)

1976
베트남 남북통일에 의해
베트남사회주의공화국 성립
앙골라에서 사회주의정권 성립

1978
남예멘사회주의정권 성립
아프가니스탄 인민민주주의
(공산주의)정권 성립

코 성공할 수 없을 것이라고 주장합니다.

자본주의는 경쟁원리에 바탕을 둔 약육강식의 세계입니다. 하지만 사회주의적 관료제에서는 능력보다 지위와 역할이 중시됩니다. 예를 들어 능력이 떨어져도 일단 어느 정도의 위치에까지 오르게 되면 아무도 건드리지 못합니다. 이와 같은 능력의 부정은 사람들로부터 일할 의욕을 빼앗아갑니다. 노력하든 하지 않든 달라지는 것이 없기 때문입니다. 그리고 동시에 일단 어느 정도 위치에 오른 사람은 제대로 된 성과를 내기보다는 자신의 지위를 지키는 일에 골몰하게 됩니다.

이것은 조직의 우두머리도 마찬가지입니다. 스탈린이나 마오쩌둥이 자신을 신격화한 것은 그 지위를 보전하기 위해서였습니다. 제일 높은 곳에 앉아 있는 사람부터 그런 식이니 그 아래는 더 언급할 필요도 없겠죠. 이런 식으로 관료제가 강화되어감에 따라 사회 전체가 총체적으로 부패해갑니다.

자본주의에서는 치열한 경쟁에 의해 여기저기서 사업체가 망하기도 하고 성공하기도 하는 역동적인 변화 속에 있기 때문에 자연스럽게 균형이 유지됩니다. 그런데 사회주의는 그 속성상 한쪽으로 굳어지는 방향으로 치닫기 쉽습니다. 일당독재이기 때문에 우리가 생각하는 선거도 없고, 설사 있다 하더라도 내부적인 것이라서 변화를 일으키지 못합니다. 그런 환경 속에서 노동자의 처지는 점점 악화됩니다.

베버는 "국가사회주의는 노동자를 예속시킨다"라고 주장하며 다음과 같이 이야기합니다.

> 그들은 광산에서 일하는 노동자의 운명이 그 광산이 사영이든 국영이든 전혀 달라지지 않음을 경험합니다. (…) 광산의 관리가 제대로 이루어지지 않으면 수익이 나빠지고, 광원들의 상태도 열악해질 수밖에 없습니다. 단, 차이점은 국가에 대해서는 파업이 불가능하기 때문에 이러한 국가사회주의에서는 노동자의 예속성이 근본적으로 강화됩니다.

즉, 사회주의에서는 노동자의 처지가 나빠지는 것은 물론이고 중요한 권리인 '파업의 권리'마저 빼앗겨서 노동자의 예속성이 근본적으로 강화된다는 것입니다. 베버의 말대로 사회주의 국가의 노동자는 혹독한 고통을 맛보게 되었습니다.

평등으로 가는 길을 가로막는 '관료제'라는 장애물

막스 베버의 『사회주의』 마지막 장에 역자인 하마시마 아키라는 '사회주의를 둘러싼 베버의 사상과 행동'이라는 제목으로 다음과 같은 해설을 실었습니다.

> 합리화는 관료제적 피라미드라는 거대한 미로로 귀결될 수밖에 없으며, 인간의 자유를 억압해 부자유를 증대시키는 방향으로 나아갈 것이라는 비관적인 예측이다. 그러나 이것은 자본주의 고유의 숙명일 뿐만 아니라 사회주의에 의해 더욱 확대되고 심화되는 형태로 나타날 것이 틀림없다고 베버는 생각한다.

이것은 핵심을 찌르는 고찰입니다. 베버는 자본주의에 관료제라는 속성이 존재하지 않는다고 말하지 않습니다. 오히려 자본주의도 관료제화하고 자유를 일정 부분 억압하고 있다고 말합니다. 단, 사회주의에서는 그것이 더욱 심화되고 치명적이 될 수 있다는 주장입니다. 사실 사회주의 국가에서는 기계적 대량생산이 이루어져 규모가 커짐에 따라 차츰 기술의 분업화가 이루어지고 관료제화가 진행되어 민중은 거기에 예속되고 맙니다. 그처럼 예속이 확산되는 것은 사람들이 단순히 상부의 지시에 따를 뿐 각자 의견을 내는 것이 인정되지 않기 때문입니다. 그것은 사람들로부터 재능을 빼앗는 것이나 다름없는 일입니다. 그런 상태에서 중앙집권적인 관리와 국가에 의한 통제하에 모든 것을 계획적으로 진행하려 하기 때문에 필연적으로 그로 인한 부작용이 일어날 수밖에 없습니다. 즉, 당과 국가가 아무리 그럴듯한 계획을 세우고 추진해도 실제로 현장에서 사람들의 지혜와 자발적인 노력이 뒷받침되지 않고는 모든 일이 계획대로 이루어질 리 없습니다.

그런 까닭에 소련에서도 '5개년 계획'이라는 이름으로, 5년 동안 달성해야 할 목표와 구체적인 방법을 정한 뒤 사람들에게 일을 시켰습니다. 그 결과, 정부의 공식적인 발표로는 5개년 계획이 대성공으로 끝났지만 사실은 전혀 그렇지 않았습니다. 그럼에도 불구하고 현장의 사람들은 "목표를 달성했습니다" 하고 보고하지 않으면 감옥에 가거나 처형을 당할 수도 있기 때문에 필사적으로 숫자를 조작해 거짓 보고를 할 수밖에 없었습니다.

수요라는 것은 시시각각 변화하는 것이 당연한데도 5개년 계획에서는 궤도 수정이 이루어지지 않았습니다. 물론 이대로는 안 된다고 생각한 사람도 있었겠죠. 문제는 아무도 그것을 공개적으로 말할 수 없는, 매우 경직된 체제가 되어버렸다는 데 있습니다. 자본주의를 자본가에 의한 착취라고 비난하며 프롤레타리아 독재의 이상국가를 만들려고 했던 결과가 역사상 전무후무한 '착취의 나라'라니 엄청난 모순이라고밖에 할 수 없습니다.

그러나 비록 짧은 순간이지만 초반에는 성공하고 있는 것처럼 보였습니다. 소련은 불완전하나마 미국과 경쟁할 수 있는 정도의 나라로까지 도약했기 때문입니다. 소련은 미국과 경쟁하며 우주개발에 열을 올렸습니다. 지금은 우주개발이라고 하면 미국이 독주한다는 인상이 강하지만 세계 최초로 인공위성 발사에 성공한 것은 1957년 10월에 발사된 소련의 '스푸트니크 1호'였고, 세계 최초의 유인 우주비행도 1961년 유리 가가린Yurii Gagarin을 태운 '보스토크 1호'였습니다. 그러나 그것이 가능했던 것은 사람들로부터 착취한 것을 민중에게 환원하지 않고 오직 군사와 우주개발에만 쏟아부었기 때문입니다. 그 결과 그처럼 대단한 기술을 보유했음에도 국민의 생활은 전혀 나아지지 않았습니다.

그건 그렇다 치더라도, 러시아혁명 직후인 1918년이라는 시점에 막스 베버가 관료제의 문제점을 짚어내며 사회주의 국가의 문제가 국가 붕괴에 이를 만큼 치명적이 될 것이라고 예견한 것은 참으로 경탄할 만한 통찰입니다. 우리가 지금 이렇게 지나간 세계 역사를 훑어보며 "사회주의는 실패로 끝났다"라고 말할 수 있는 것은 소련을 비롯한 여러 사회주의 국가의 몰락을 직접 목격한 결과론적 이야기입니다. 반면에 베버는 러시아혁명을 통해 사회주의 체제가 막 수립되고 왕성하게 그

세력을 확장해나가던 시점에 그 시스템의 본질을 깊이 통찰한 결과 내놓은 예측이었으니 말입니다.

소련도 북한도 한때는 자신들이 유토피아, 즉 꿈의 낙원을 지상에 건설하고 있다고 굳게 믿던 시대가 있었습니다. 마르크스, 엥겔스가 고안해낸 '공산주의' 사상, 그것을 현실에 구현하려 했던 레닌의 '사회주의'에서 목표로 내걸었던 평등은 인간 사회를 위한 하나의 이상향이었습니다. 하지만 그것은 한번 빠지면 헤어나올 수 없는 개미지옥과도 같은 것이었습니다. 헤어나올 수 없는 이유는 그것이 '정론'이기 때문입니다. 프롤레타리아가 부르주아로부터 착취당하지 않는 평등한 사회, 이 자체는 잘못된 것이라고 할 수 없습니다. 잘못되지 않았기 때문에 반론을 제기할 여지도 없습니다. 바로 이 '잘못되지 않았는데도 결과가 잘못되어버렸다'는 점에 사회주의가 가진 '개미지옥'으로서의 공포가 숨어 있는 것입니다.

3

위기가 만든 파시즘이라는 괴물

파시즘의 정체성은

적극적인 자기규정에 의해서가 아니라

다른 것에 무조건 반대해 무너뜨리려는

파괴 본성에 의해

성립된다고 할 수 있습니다.

나치스의 파시즘을 받아들인 '보통' 사람들

20세기의 몬스터로서 빼놓을 수 없는 또 하나가 '파시즘'입니다. 파시즘 하면 이탈리아의 무솔리니, 독일의 히틀러, 스페인의 프랑코 정권과 일본이 떠오를 겁니다. 파시즘이라는 말은 무솔리니가 자신의 사상을 그렇게 부른 것에서 비롯되었는데, 이후 그와 유사한 사상을 총칭하는 용어가 되었습니다.

파시즘이란 무엇인가? 야마구치 야스시의 『파시즘』에는 다음과 같이 정리되어 있습니다.

> 파시즘의 사상은 ❶ 그 국민사회가 빠진 심각한 '통합의 위기'를 내셔널리즘민족주의의 고양과 강렬한 '지도자' 숭배에 의해 극복하려는 시도이다. ❷ 단, 파시즘이 단순한 보수반동과 다른 점은 내셔널리즘과 '지도자' 숭배에 그치지 않고, 기성의 전통적인 지배체제의 과감한—그러나 권력주의적인—재편성을 원한다는 데 있다. 재편성의 구상은, 마르크스주의적 사회주

의 운동에 대한 격렬한 적대감과 기존의 지배층에 대한 반발에 유래하는 독특한 이면성 혹은 양면성을 나타내게 된다. ❸ 그 이유는 파시즘 사상이 그 나라 지배층의 위기의식뿐 아니라 정치적, 사회적 몰락의 위기에 직면한 중간 계층의 위기의식도 강렬하게 반영하고 있기 때문이다.

파시즘, 하면 나치스 독일이 가장 먼저 떠오릅니다. 한데 그 모체가 된 나치당국가사회주의 독일노동자당은 어떻게 권력을 잡았을까요? 나치당이 일당독재가 된 것은 의회 안에 획기적으로 의석 수를 늘려갔기 때문입니다. 나치당은 국민의 강력한 지지를 기반으로 선거를 통해 권력을 획득한 것입니다. 즉 나치스의 약진에는 독일 국민의 의지가 반영된 셈이죠. 최종적으로는 백 퍼센트 의석을 획득했으므로 거의 전 국민이 나치당을 지지했다고 해도 과언이 아닙니다. 한데 그 시작 지점에서 나치스 지지의 모체가 된 것은 '중간층'이었습니다.

제1차 세계대전에서 패배한 독일은 베르사유 체제 속에서 경제적으로 상당한 고통을 겪게 됩니다. 이때 특히 더 막대한 경제적 피해를 입은 것이 그전까지 그럭저럭 생활했던 중류층이었습니다.

제1차 세계대전 이후 독일을 덮친 인플레이션은 실로 엄청난 것이었습니다. 자료에 의하면 종전 당시 1킬로그램당 0.53 마르크였던 빵값이 엄청나게 치솟아 1923년에는 무려 3,990억 마르크나 되었다고 합니다. 같은 시기의 환율을 보면 종전 직후인 1918년 마르크 대 달러의 비율을 1로 했을 경우, 1923년 12월에는 마르크 대 달러의 비율이 무려 1조 원이라는 천문학적인 숫자가 됩니다. 이로써 독일 마르크는 말 그대로 휴지조각이 되었습니다.

이런 극도의 인플레이션은 독일 경제를 몰락으로 이끌었습니다. 그리고 그때까지 중류로 살았던 사람들은 하류로 내몰리게 됩니다. 하지만 하층으로 밀려났어도 '우리는 하류층과는 다르다'라는 강한 자존심을 갖고 있었죠. 그래서 하류층 사람들과 하나가 되어 사회주의 혁명을 할 수 없다, 우리는 더 좋은 삶을 살아야 하는 계층이다, 하며 하류층과 단결하기를 거부했습니다. 이러한 중간층 특유의 계층의식을 간파하고 그 틈을 치밀하게 파고든 것이 바로 히틀러와 나치스였던 것입니다.

파시즘을 지탱하는 '무엇이든지 반대' 정신

파시즘을 이해하려면 파시즘이 생겨난 시대 배경을 알아야 합니다. 이때 중요한 것은 제1차 세계대전과 제2차 세계대전을 연결지어 생각하는 것입니다. 제1차 세계대전은 1914년부터 1918년까지, 제2차 세계대전은 1939년부터 1945년까지로, 이 두 전쟁 사이에는 21년이라는 기간이 있습니다. 한데 이 기간까지 포함해 전체를 하나의 기간으로 보지 않으면 이 시대를 제대로 이해하기 어렵습니다. 왜냐하면 파시즘은 제1차 세계대전의 전후 처리 과정에서 생겨났고, 제2차 세계대전은 그 파시즘의 대두로 인해 일어났기 때문입니다. 제1차 세계대전 후 유럽에서는 이탈리아와 독일에 파시즘이 생겨났는데, 파시즘의 특징을 한마디로 말하면 '무조건 반대'입니다.

놀라운 나치스의 의원 수 신장률

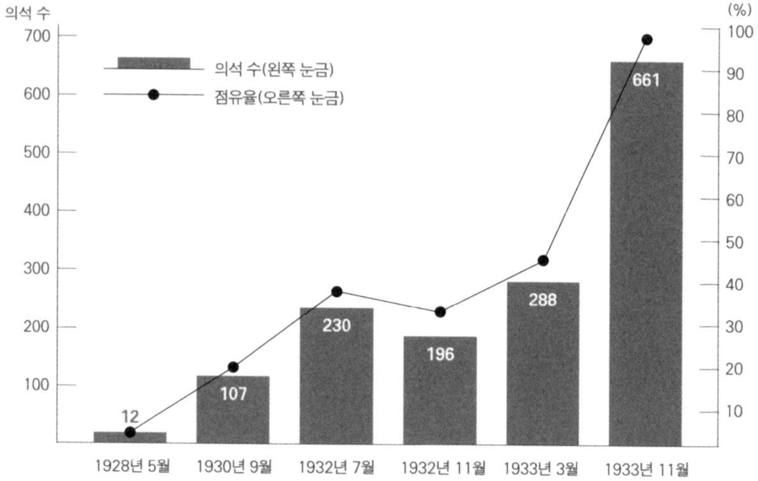

파시즘은 사회주의와는 양립할 수 없는 반反사회주의입니다. 그렇다고 자본주의도 아닌, 반反자본주의 형태를 취하고 있습니다. 그밖에도 국제협력에도 반대, 국내에서는 반反유대인 등 다양한 사안에 대해 반대하는 입장을 취하는 것이 파시즘입니다.

파시즘의 정체성은 적극적인 자기규정에 의해서가 아니라 다른 것에 무조건 반대해 무너뜨리려는 파괴 본성에 의해 성립된다고 할 수 있습니다. 거기에 '왜 반대하는가' 하는 명확한 이유는 없습니다. 아무튼 반대입니다. 그래서 반反마르크스주의, 반反자유주의, 반反국제주의인 동시에 금권적인 자본주

의에도 반대, 전통주의에도 반대, 단순한 보수주의에도 반대함으로써 진짜 입장이 무엇인지 알 수 없을 정도입니다.

그런 파시즘이 어떻게 국민의 지지를 받을 수 있었을까요? 그 이유에 대해 야마구치는 다음과 같이 요약합니다.

> ❶ 심정, 감성, 직관, 행동, 폭력의 이성에 대한 우위를 설명하는 '생生의 철학'과 ❷ 차별을 합리화해 '강자의 권리'를 설명하는 '사회진화론'이라는 두 가지 요소를 혼합한 파시스트 특유의 인생철학과 사회철학이 합리주의와 계몽주의, 즉 '프랑스혁명의 정신'과 대치된다.

즉 '생의 철학'과 '사회진화론'이라는 두 가지 사고방식이 파시즘을 사상적으로 지탱했다고 할 수 있습니다. 근대는 철학사의 관점에서 볼 때 '이성'의 시대입니다. 근대철학의 길을 연 데카르트가 심신이원론으로 마음과 몸을 나눈 이래, 철학에서는 '마음', 즉 정신과 이성이 중시되고 신체와 그에 따르는 생물적인 요소는 그 아래쪽에 위치하게 되었습니다.

19세기 후반이 되면 이성보다는 인간이 본래 갖고 있는 감정과 직관 같은 능력의 우위성을 설명하는 '생의 철학'이 사상계에서 조금씩 주목을 받게 됩니다. 그리고 20세기에 들어서면서 포스트모던의 주류와 함께 사람들 사이에서 새로운 시대의 철학으로 지지를 받습니다. 그러나 감정을 이성보다 우위에 두는 것은 어떤 의미에서는 인간이 갖는 폭력성을 긍정하는 것이 됩니다.

사회진화론은 찰스 다윈의 생물진화론을 바탕으로 사회도 역사의 경과와 함께 이상적인 상태로 진화해간다는 사상입니다. 이 발상은 강자의 권리를 정당화하는 데 뒷받침되어 나치스의 민족정화 사상으로 이어졌습니다. 사실 이것은 파시즘뿐 아니라 여러 제국주의 국가들이 다른 나라를 침략하고 식민지배하는 것을 정당화하기 위해 이용한 이데올로기였습니다.

제1, 2차 세계대전의 본질

'더 많이 가진 자'와 '덜 가진 자'의 싸움

파시즘에서는 사회가 빠진 심각한 위기를 강력한 지도자의 카리스마에 의지해 극복하려고 합니다. 거기에는 내셔널리즘의 격렬한 움직임과 함께 지도자를 숭배하는 과정에서 생겨나는 일체감이 있었습니다. '국민사회가 빠진 심각한 통합 위기'란 쉽게 말해 '요즘 왠지 우리가 제각각인 것 같은데, 목소리를 좀 모아볼까?' 하는 의미입니다. 독일의 경우는 여기에

경제적인 위기가 더해졌기 때문에 사회에 대한 불만이 한꺼번에 터져나온 것입니다. 독일에 이러한 큰 불만을 몰고온 것은 제1차 세계대전의 패전 처리로 독일과 승전국 사이에 체결된 베르사유 조약이었습니다. 이 조약에서 독일은 해외식민지 영토의 전면 포기, 알자스와 로렌 두 지방을 프랑스에 양도, 배상금 1,320억 마르크 등 가혹한 짐을 지게 됩니다. 그 가운데 가장 큰 손해는 해외식민지의 전면 포기였습니다. 아무리 뼈를 깎는 노력을 통해 부흥을 시도하고 생산력을 높인다 해도 상품을 판매할 수 있는 식민지를 확보하지 않으면 상황이 나아질 것을 기대하기 어렵기 때문입니다.

제국주의가 세상을 지배하던 이 시기에 식민지를 확보하지 못했다는 것은 강대국으로 도약하는 데 치명적인 약점이 되었습니다. 한데 제2차 세계대전을 일으킨 독일, 이탈리아, 일본 모두 식민지가 전혀 없거나 영국, 프랑스 등의 다른 제국주의 열강들에 비해 훨씬 적었다는 공통점을 갖고 있었습니다. 따라서 제2차 세계대전의 원인을 살펴보면 '파시즘 대 자본주의 진영'의 싸움이라기보다는 제국주의 경쟁에서의 선발주자와 후발주자의 싸움, 즉 식민지를 이미 갖고 있던 나라와 갖지 않은 나라와의 싸움으로 보는 것이 더 타당합니다.

식민지를 갖는다는 것은 원료와 시장을 확보한다는 의미

입니다. 당시의 세계지도를 보면 알 수 있듯이 식민지의 수는 영국과 프랑스가 압도적으로 많았습니다. 독일은 제1차 세계대전 이후 전부 몰수당해 식민지가 하나도 없었고, 이탈리아와 일본은 식민지가 전혀 없었던 것은 아니지만 다른 열강들과 비교하면 상대도 안 될 정도로 미미한 수준이었습니다.

이때 갖지 못한 자가 얌전히 있으면 문제가 없는데, 가진 자가 되려고 애를 썼기 때문에 기득권자들이 그것을 용납하지 않고 적극 제지하면서 일어난 것이 제2차 세계대전이라고 할 수 있습니다. '갖지 못한 나라들'의 불만 표출, 그것이 파시즘의 온상이 되었습니다.

역사상 전무후무한 선전선동가였던 히틀러

히틀러는 사람들에게 '자신감'을 회복시키는 방식으로 마음을 사로잡았습니다. 그 방법은 매우 교활했습니다. 그는 국민의 내셔널리즘을 한껏 고양시켜 그 위에 자신의 강력한 리더십을 구축하고 스스로 하나의 상징적인 존재가 되어갔습니다. 즉 히틀러는 종교적인 신도, 신의 대리자도 전부 몰아내고 '모든 사람을 위한 대변자'라는 지위에 자신을 올려놓았던 것입니다. 또한 그는 그 과정에서 20세기적인 수법, 즉 매스커뮤

니케이션을 이용하는 등의 다양한 선전기술도 구사합니다. 히틀러의 선전에 관한 사고방식은 그의 저서 『나의 투쟁』에 다음과 같은 말로 기록되어 있습니다.

> 선전은 모두 대중적이어야 하며, 그 지적 수준은 선전의 대상이 되는 사람들 가운데 가장 낮은 수준인 사람도 이해할 수 있는 정도로 조정해야 한다. 따라서 획득해야 할 대중이 많으면 많을수록 순수한 지적 수준은 그만큼 낮게 해야만 한다. 민중의 압도적 다수는 진지하고 냉철한 사고나 이성보다 감정적, 혹은 감상적으로 생각하고 행동하는 여성적 기질을 갖고 있다. 그리고 그 감정은 복잡하지 않고 매우 단순하며 폐쇄적이다. (…) 긍정 아니면 부정이며, 사랑 아니면 미움이고, 정의 아니면 불의이며, 참 아니면 거짓이다. 반은 그렇고 반은 그렇지 않다든가, 혹은 일부분이 그렇다는 일은 없다.

고이즈미 준이치로 전 수상이 국민으로부터 절대적인 지지를 얻고 있을 때 그의 수법이 히틀러의 그것과 같다는 이유로 일부 지식인들이 맹렬히 비판했습니다. 그처럼 "우정 민영화, 반대인가 찬성인가" 하는 식으로 예스, 노를 묻는 단순화된 수법에 대중은 약합니다. 고이즈미가 히틀러와 같다고는 할 수 없지만, 단언하는 그의 어투에 일종의 대중조작의 요소가 숨어 있었던 것은 분명한 사실입니다. 대중이 받아들일 수 있도록 '성역 없는 구조개혁' 같은 단순화된 메시지를 슬로건으로 반복했다는 점도 중요한 포인트일 겁니다.

히틀러는 "가장 간단한 개념조차 몇천 번 반복해야 기억될 수 있다"라고 주장합니다. 이런 말을 보아도 알 수 있듯이 히틀러는 선전에 대해, 그리고 대중의 본질에 대해 무서우리만치 날카롭게 꿰뚫고 있었습니다. 이러한 수법은 지금의 광고 방송에서도 사용되고 있습니다. 사실 이것은 20세기 광고업계가 치밀하게 연구하고 실행해온 기법인데 그것을 남보다 빨리 국가 규모로 실행해 조작한 것이 바로 히틀러였던 것입니다.

'전부 없었던 것으로' 하고 싶은 대중의 마음을 교묘히 파고든 파시즘

제1, 2차 세계대전을 바로 알기 위해서는 미국이라는 나라가 처했던 미묘한 위치를 알아야 합니다. 미국은 제1차 세계대전 후인 이 시기에 예사롭지 않은 발전으로 '황금의 1920년대'를 이뤄냅니다. 제1차 세계대전은 유럽이 무대가 되었기 때문에 패전국뿐 아니라 승전국도 상당한 피해를 입었습

제1차 세계대전 전야(1910년경)의 각국 식민지

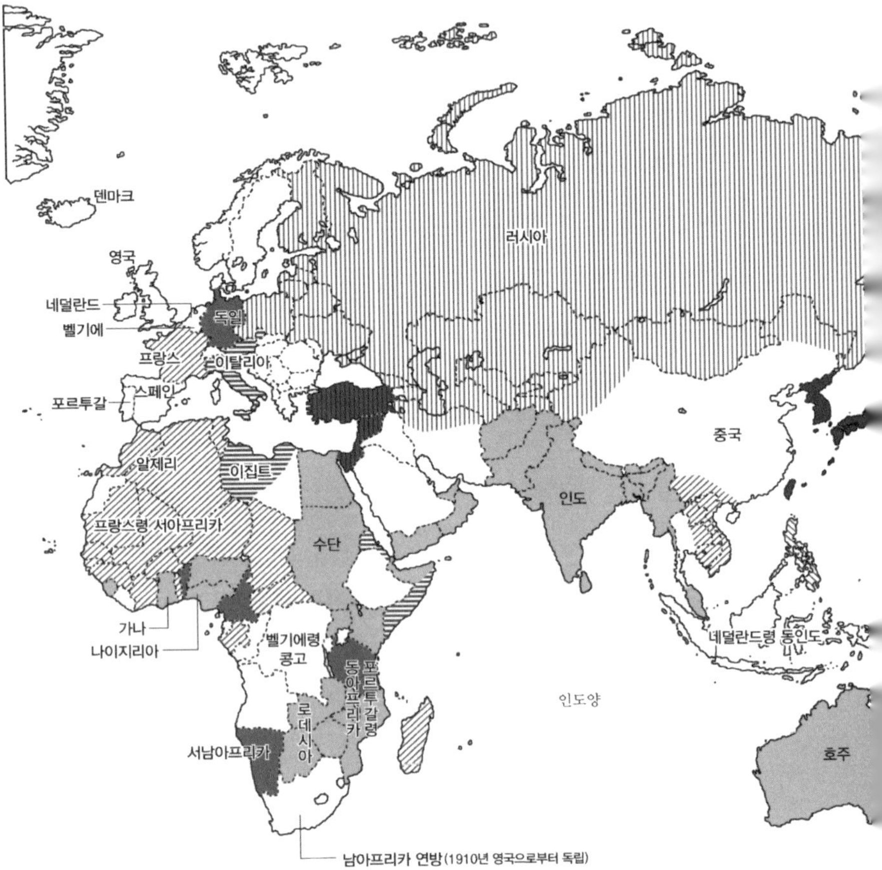

제국주의 열강국으로 드넓은 식민지를 확보했던 영국과 프랑스에 대항해 독일이 식민지를 확보하기 위해 뒤늦게 움직이자 그 대립을 배경으로 제1차 세계대전이 일어났다. 제1차 세계대전에서 패배한 독일은 식민지를 잃고 '뒤늦은 제국주의'를 목표로 하는 이탈리아, 일본 등과 함께 파시즘 국가의 길을 걷게 되는데, 제1차 세계대전 승전국들과 심각하게 대립함으로써 세계는 제2차 세계대전과 직면하게 되었다.

캐나다
아메리카합중국
멕시코
태평양
브라질
영국령 및 그 외 세력권
프랑스령 및 그 외 세력권
독일령 및 그 외 세력권
이탈리아령 및 그 외 세력권
러시아 및 그 외 세력권
아메리카합중국령 및 그 외 세력권
일본 및 그 외 세력권
독일 · 호주와 러시아의 대립지역

니다. 그런 와중에 마치 어부지리처럼 패권을 장악한 것이 자국의 영토에 아무런 피해도 입지 않은 미국이었습니다. 그전까지 번영을 자랑했던 영국, 프랑스도 사실은 제1차 세계대전 중 미국에 대한 거액의 전시 채무로 고심하고 있었습니다. 영국과 프랑스가 패전국인 독일에게 막대한 배상금을 부과한 것도 사실은 미국에 진 빚을 갚기 위해서였습니다. 하지만 그런 큰돈을 패전국 독일이 지불할 수 있을 리 없죠. 결국 독일은 미국으로부터 돈을 빌려서 배상금을 할부로 지불하게 되었습니다. 미국 입장에서 보면 자신에게 진 빚을 갚기 위한 자금을 또다시 빌려준 셈이죠.

그래도 그럭저럭 돈이 순환함으로써 유럽은 어느 정도 경제적 위기에서 벗어날 수 있었습니다. 하지만 영국은 무역 부진 때문에 실업자가 증대했고, 프랑스는 국토가 전장이 되어 생산이 중단된 터라 국내 경제가 얼어붙고 말았습니다.

이런 유럽 국가들과는 대조적으로 미국은 전후 10년 동안 수출을 두 배로 늘려서 미국에 부가 집중되는, 부자연스러울 정도의 독주체제를 만들어냅니다. 당시 세계의 공업생산량 가운데 미국이 차지하는 비율은 상당히 커서 석유가 전체의 70퍼센트, 자동차는 85퍼센트, 철강이 40퍼센트를 차지했습니다.

세계 금융시장의 중심도 런던의 '시티The City, 영국의 수도 런던의 발상지이며 예로부터 그 심장부에 해당한 구역—옮긴이'에서 뉴욕의 '월가'로 이동했습니다. 이렇게 함으로써 미국이 무섭게 독주하는 세계의 그늘에서 패전국 독일은 정신적인 면과 경제적인 면 양 측면에서 고통을 겪어야 했습니다. 거기에 더해 히틀러가 국가와 민족이라는 정체성을 유독 강조했기 때문에 사람들은 일제히 그에게 열광적인 지지를 보내며 나치스를 받아들이게 됩니다.

마음이 약해져 있을 때 자신감을 갖고 길을 제시한다—. 사실 이것은 매우 효과적인 마인드 컨트롤 방법입니다. '너는 안 된다, 안 된다' 하고 자신감을 처참하게 꺾어놓은 뒤 슬쩍 부드러운 말을 던진다—. 이것은 신흥 사이비종교에서도 흔히 볼 수 있는 전형적인 수법입니다. 파시즘은 이것을 국가단위로 실행했습니다. 그 수법이 어떠했든 간에 여기서 이야기하고 싶은 것은 미국의 독주체제로 인해 가장 부채가 컸던 독일이 궁지에 몰렸고, 그 때문에 파시즘 같은 몬스터가 탄생했다는 점입니다. 그런 의미에서 볼 때 미국이 두각을 나타낸 1920년대라는 시대가 파시즘을 준비했다고 할 수도 있을 것입니다.

어쨌든 이후 미국은 유럽에 더욱 큰 고통을 안겨주게 되는

데, 1929년 미국 뉴욕의 월가에서 시작된 '대공황'이 그것입니다. 너무도 거대한 미국 자본은 1980년대 일본의 그것과 같은 거품 현상을 일으켰습니다. 사람들은 잔뜩 부풀어오른 자본을 주식시장에 쏟아부었고, 주가는 다우지수가 5년 동안 다섯 배 이상 상승할 정도로 굉장히 이례적인 신장세를 나타냈습니다. 그러나 그러한 거품은 동시에 붕괴의 뚜렷한 조짐이기도 했습니다.

대공황 때는 미국도 많은 기업이 줄도산하고 급증한 실업자로 인해 고통을 겪었습니다. 한데 그 이상으로 힘든 상황에 내몰렸던 것이 그렇지 않아도 심각한 경제적 어려움을 겪고 있던 유럽 국가들이었습니다.

특히 엄청난 인플레이션으로 고심하던 독일은 비참한 상태가 되어 감액된 배상금마저도 지불할 수 없는 지경이 되었습니다. 이렇듯 대공황과 인플레이션, 채무이행 불능 등의 악조건으로 인해 많은 어려움을 겪은 독일인들은 '전부 없었던 일로 하고 싶다'는 생각을 하게 되었습니다. 당시 독일 국민에게 있어 나치스를 지지하는 것은 인생을 처음부터 다시 시작하는 '리셋 버튼'을 누르는 것과 같은 것이었습니다.

인간은 누구나 타인에 대해 자신이 우위에 서기를 원합니다. 따라서 자신보다 좀 못한 존재가 있으면 안심하는 마음이 생깁니다. 나치스 독일은 그 심리를 교활하게 이용해 사람들의 불안을 해소하려고 했습니다. 유대인과 폴란드인이 독일인에게 학대받고 대량학살당한 것은 나치스 독일이 그들을 열등민족으로 규정함으로써 자신들 게르만족은 우수하다는 것을 실감하게 하기 위한 하나의 비열한 수단이었습니다.

유대인이 희생된 배경에는 역사적으로 그들이 유럽의 기독교사회로부터 환영받지 못했다는 측면도 있었습니다. 자기 나라를 갖지 못한 유대인은 다른 민족으로부터 차별대우를 당하는 일이 많았습니다. 그래서 먹고살기 위한 방편으로 많은 유대인들이 사람들로부터 비난받는 고리대금업에 종사했던 것입니다. 자국의 경제가 나빠질수록 도덕적으로는 비열하다고 손가락질 받았지만 경제적으로는 유복한 유대인에게 비난과 원성의 화살이 쏠리게 되었습니다.

그것은 자신들, 독일 국민을 힘들게 하는 영국, 프랑스 같은 자본주의 국가들과 고리대금으로 돈을 버는 유대인의 모습이 오버랩되었기 때문입니다. 우리의 생활을 어렵게 하는 것은 돈벌이를 앞세우는 자본가다, 그 자본가의 상징이 고리대금업이다, 하는 식으로 유대인을 '악의 상징'으로 만들어간 것입니다. 히틀러는 독일 국민의 마음속에 있던 유대인에 대한 차별의식을 확대하는 것으로 가상의 적을 만들고, 자기 민족에 대한 우월의식을 만들어냄으로써 단결력을 높이고자 했던 것입니다.

"생물은 자연에 적응한 종種이 살아남는 것으로 진화한다"라는 본래의 진화론을 유리한 방향으로 왜곡하고, 유대인은 열등인종이므로 어차피 멸종할 운명이라며 인위적으로 말살하려 한 것이 홀로코스트Holocaust, 제2차 세계대전 중 나치스 독일이 자행한 유대인 대학살였습니다. 나치스의 유대인 학살은 '자민족 정화'를 위한 '타인종 청소'를 시도한 것이었는데, 게르만족의 피를 깨끗이 유지하기 위해서라도 유대인은 사라져야 한다는 논리였습니다.

나치스 독일이 말살하려 한 것은 유대인만이 아닙니다. 수많은 폴란드인들과 슬라브계 민족들, 집시, 그리고 동성애자와 지적장애인도 블랙리스트에 있었습니다. 무서운 것은 이 끔찍한 홀로코스트가 히틀러를 비롯한 일부 지배층에 의해서만 이루어진 행위가 아니라 지극히 평범한 일반인들도 동참한 반인륜적인 행위였다는 점입니다. 평범한 독일인들 사이에 자신들은 우수한 종족이라는 사고방식을 불어넣고 세뇌시킴으로써 그들이 주저없이 대량학살과 만행을 저지르게 만들었으니 대중의식을 조작하는 것이 얼마나 무서운 결과를 초래할 수 있는지 실감이 나지 않습니까!

사람은 불안해지면 자신과 다른 것을 찾아내 배제하고 비슷한 처지의 사람들과 하나가 됨으로써 마음의 위안을 얻으려는 경향이 있습니다. 일본에서도 관동대지진 직후의 혼란한 상황 속에서 조선인이 우물에 독약을 넣었다는 루머가 나돌아 많은 조선인들이 학살당했고, 유럽에서는 비상식적인 종교 탄압이 수없이 일어났습니다.

독일인만 비난하기 어려운 것이, 인간의 본성 면에서 볼 때 어느 민족이나 당시 독일과 유사한 상황에서 히틀러 같은 지도자가 등장하면 그와 비슷한 행동을 하게 될 위험성이 있습니다. 최근의 미국은 제2차 세계대전 당시 독일인이 유대인을 희생양으로 삼았던 것처럼 이슬람을 표적으로 삼아 하나가 되고자 하는 것 같습니다. 세계의 부를 자국에 집중시키려고 하면서 '테러와의 전쟁'이라는 대의명분을 내세워 민족주의를 고양시키고, 대 이슬람전쟁을 반복하는 모습을 보면서 솔직히 의구심과 약간의 두려움마저 드는 것이 사실입니다.

물론 현재의 세계정세를 생각하면 미국이 '무차별 학살'을 한다고는 말할 수 없습니다. 그러나 그 뿌리를 캐보면 궁극적으로 나치스의 독일과 차이가 없다고 생각합니다. 지금 우리는 파시즘이 걸어온 역사를 다시 한번 진지하게 돌아볼 필요가 있습니다.

MONSTERS

BARENTS SEA
NORTH CAPE
NOVA ZEMLYA
KARA SEA
Tundra
KOLA
ARCHANGEL
LENINGRAD
STOCKHOLM
RIGA
LATVIA
LITHUANIA
WARSAW
SMOLENSK
MOSCOW
KIEV
KURSK
STALINGRAD
RUSSIA
OMSK
NOVO SIBIRSK
BAIKAL
PEKING
BUDAPEST
VIENNA
VENICE
BUCHAREST
SOFIA
CONSTANTINOPLE
BLACK SEA
ROME
NAPLES
SICILY
ATHENS
CRETE
TURKEY
SYRIA
TABRIZ
BAGDAD
DAMASCUS
ALEXANDRIA
CAIRO
BANDAR ABBAS
SRINAGAR
LAHORE
DELHI
AGRA
CALCUTTA
LIBYA
MEDINA
ARABIAN SEA
BOMBAY
BAY of BENGAL
Burma
RANGOON
SIAM
French Indo-China
CHINA SEA
MADRAS
CEYLON
Gulf of Aden
BERBERA
ITALIAN SOMALILAND
MALDIVE ISLANDS
SUDAN
FRENCH EQUATORIAL AFRICA
BELGIAN CONGO
NAIROBI
LAMU
EQUATOR
INDIAN OCEAN
SUMATRA
MALACCA
SINGAPORE
BATAVIA
MOMBASA
TANGA
DAR-ES-SALAAM
CAPE AMBER
ANGOLA
MOZAMBIQUE
MADAGASCAR
TAMATAVE
RODRIGUEZ
MAURITIUS
REUNION
MASCARENE IS.
BEIRA
JOHANNESBURG
DURBAN
P. ELIZABETH
CAPE TOWN
CAPE STE. MARIE

5 REL

[신들은 과연
세상을 구원했는가]

세계사의
중심에는 언제나
종교가 있었다

1

세계사를 움직이는
일신교 삼 형제

유대교 · 기독교 · 이슬람교

기독교는 '사랑'의 종교임에도 불구하고
이렇게 제국의 야망과 하나가 되었고,
이슬람교는 관용적인 측면을 갖고 있으면서도
다른 한편으로 전 세계적인
분쟁의 불씨가 되고 있습니다.

근대에 되살아나는 '신'들

근대화가 진행되었어도 종교는 여전히 사람들의 마음을 사로잡고 있습니다. 합리적인 관점에서 보면 환상에 불과한 종교가 어떻게 전 세계로 확산되어 지금까지도 세력을 떨치고 있는지 신기합니다.

칼 마르크스는 "종교는 아편"이라고 말했고, 현대 영국의 동물 행동학자 리처드 도킨스Richard Dawkins는 『만들어진 신』이라는 책으로 논란을 일으켰습니다. 이 책에서 도킨스는 "어떻게 생각해도 신이 이 세상을 지켜준다고 믿을 만한 합리적인 이유는 없다"라고 말합니다. 한데 그가 작정하고 책을 쓰면서까지 그런 주장을 한다는 것은 상당히 많은 사람들이 성서적인 세계를 믿고 있다는 것을 반증하는 셈입니다.

최근 미국에서는 기독교 원리주의자가 늘고 있습니다. 기독교 원리주의자는 성서에 나와 있는 내용을 기적까지 포함해서 전부 사실로 믿는 사람들입니다. 이런 현상이 일어나는 것은 미국만이 아닙니다. 전 세계적으로 봐도 이슬람교를 비롯한 여러 종교에서 원리주의자의 수가 증가하고 있고 급속히 힘을 얻는 등 최근에는 마치 근대 합리주의에 대한 반동처럼 종교에 심취하는 사람들이 늘어나고 있습니다.

종교는 기본적으로 환상이라고 생각합니다. 또한 건전한 종교는 사람들이 고달픈 현실을 견디며 새로운 희망을 품게 하는 역할도 하기 때문에 기본적으로 가치도 있다고 생각합니다. 한데 그 환상이라는 것이 갖는 힘은 때로는 세계의 역사를 바꿔버릴 만큼 엄청납니다.

서양근대의 합리주의가 전 세계로 확산되면서 시들해졌던 종교의 힘이 최근 다시 커지고 있습니다.

남미 정복의 첨병 역할을 했던 기독교

기독교 이외의 종교를 믿는 사람들이 보았을 때 서양근대는 악의 화신입니다. 서양근대에는 제국주의하에서 전쟁과 침략이 이루어졌고 대량학살까지 일어났기 때문입니다. 너희가 이제까지 저지른 범죄는 무엇인가, 근대화라는 죄를 짓지 않았나, 라는 것이지요.

유감스럽게도 이에 대해 유럽이나 미국, 그리고 독일과 일본 등 현대 제국주의 국가들은 제대로 반성을 하지 않고 있습니다. 그 배경에는 서양근대가 낳은 제국주의와 기독교가 하나가 되어 정복을 추진했다는 냉혹한 현실이 있습니다. 제국주의적 침략에 희생된 잉카제국의 최후를 기록한 도미니크파의 신부이자 수도사인 라스 카사스Las Casas의 『인디아스 파괴에 관한 간략한 보고서』에는 인디오에 대한 기독교도의 잔혹한 행위가 구체적으로 기록되어 있습니다.

극악무도하고 피도 눈물도 없는 사람들로부터 도망친 인디오들은 산에 틀어박히거나 산 깊숙이 도망쳐 몸을 피했다. 그러자 기독교인들은 그들을 잡아내는 사냥개를 사나운 개로 훈련했다. 개는 인디오를 발견하면 잔인하게 물어뜯어 순식간에 갈기갈기 찢어버렸다.

또 정복자들은 인디오가 한 명의 기독교도를 살해하면 그 대가로 백 명의 인디오를 죽여야 한다는 규칙을 정했다고 합니다. 이 기록을 보면 미국의 동시다발 테러 9·11의 보복으로 감행된 아프가니스탄 공격과 이라크 전쟁이 떠오릅니다. 당하면 백 배로 돌려준다, 하는 당시 정복자의 잔인한 모습을 지금의 미국에서도 볼 수 있습니다. 특히 이라크의 경우, 전쟁의 명분으로 제기되었던 대량살상무기가 실제로는 존재하지 않는다는 것이 확인되었습니다. 그런데도 이라크 전쟁 발발 후 3년 동안2006년 6월까지 사망한 이라크 민간인 수만 해도 약 15만 명세계보건기구 발표으로, 9·11테러 때의 희생자 수 3천여 명과는 비교가 되지 않을 정도로 많습니다.

단순히 숫자로 비교할 수 있는 문제는 아니지만 이라크의 희생이 지나치게 큰 게 아닐까요. 이 대목에서 백인 기독교도의 목숨은 백 배 중요하다는 식의 오만함을 느끼는 것은 아마도 나만은 아닐 거라 생각합니다.

거의 모든 전쟁의 역사는 일신교 삼 형제의 집안다툼이었다?

기독교는 '사랑'의 종교임에도 불구하고 이렇게 제국의 야망과 하나가 되었고, 이슬람교는 한편으로 관용적인 측면을 갖고 있으면서도 다른 한편으로 전 세계적인 분쟁의 불씨가 되고 있습니다.

원래 기독교와 이슬람교 모두 유대교라는 일신교에 뿌리를 박고 있습니다. 간단히 말하면 유대교가 말하는 메시아구세주는 예수 그리스도와 일체라고 믿는 것이 기독교, 아직 메시아는 왕림하지 않았다고 믿는 것이 유대교, 예수도 모세처럼 구약성서에 등장하는 예언자의 하나로, 무함마드가 최후의 예언자라고 주장하는 것이 이슬람교입니다. 따라서 이 세 종교가 말하는 '신'은 사실 같은 신입니다.

당연하게도 세 종교의 경전을 보면 공통적인 내용이 많습니다. 유대교의 경전인 토라는 기독교의 구약성서에 해당합니다. 기독교에는 여기에 신약성서가 더해지죠. 이슬람교도들에게 가장 중요한 경전은 무함마드가 받은 신의 말씀을 기록한 코란인데, 진짜 정확한 신의 말씀은 코란뿐이다, 라는 것이 이슬람교의 입장입니다.

그런 유대교, 기독교, 이슬람교라는 일신교들 가운데 가장 침략 행위와 궁합이 잘 맞는 것이 '사랑의 종교'라는 기독교이니 참 아이러니한 일이 아닐 수 없습니다. 기독교는 서양의 세계 침략에서 하나의 무기, 혹은 구실로 사용되었다고 해도 과언이 아닙니다. 정복자들도 단순히 무력으로 제압하고 살해할 수는 없다고 생각했을 겁니다. 그들은 기독교를 보급하는 것으로 미개한 사람들에게 '신의 구원'을 가져다준다며 정복의 명분으로 종교를 적극 활용했습니다. 그리스도의 '사랑'을 악용한 이 방식을 예수가 보았다면 통탄할 일이죠.

일신교의 힘은 강해서 기독교, 이슬람교는 결과적으로 세계의 여러 지역에서 받아들여졌고, 유대교도도 전 세계로 이주하게 됩니다. 그러나 그 결과 세계의 역사, 특히 전쟁의 역사 대부분은 이 종교 삼 형제의 집안싸움이라는 양상을 띠고 있습니다. 인류를 구원할 종교가 싸움의 원천이기도 했다는 점에서 인간 세계의 복잡함을 실감하게 됩니다.

다시 종교로 돌아서는 현대인

세계사를 살펴볼 때 역시 의문으로 남는 것은 '인류는 왜 이렇게까지 유난스럽게 영적인 존재를 믿어왔을까?' 하는 것입니다. 현대 사회에서는 근대적인 이성주의가 침투해 무턱대고 미신에 현혹되는 경향은 과거에 비해 한결 덜해졌습니다. 그래도 유령이나 귀신의 존재를 믿는다거나 어떤 방향이 나쁘다, 불길하다 하는 식의 미신적인 요소는 여전히 사람들의 마음속에, 그리고 생활 속에 살아 있습니다.

근대과학은 17, 18세기경부터 급속도로 발전하지만, 그 이면에서는 여전히 비합리적인 것에 끌리는 생각들이 사라지지 않고 있었습니다. 근대 이후도 그러한데, 그 이전인 고대와 중세에서는 말할 것도 없겠지요. 앞에서도 말했지만 이집트의 피라미드 건설은 공공 사업이었습니다. 그것을 통해 영혼 재생의 신비로운 의식에 함께할 수 있다고 믿은 사람들은 기꺼이 피라미드 건설에 참여했던 것이죠. 당연히 임금도 지불되었겠지만 그 이상으로 인간의 지혜를 뛰어넘은 위대한 힘에 자신을 바치는 것으로 얻을 수 있는 정신적인 안정감이 매우 컸을 것으로 짐작됩니다.

'자신을 위대한 무언가에 바침으로써 안정을 얻는다'는 역설적인 회로가 바로 종교와 신앙의 근본입니다. 그것도 단순히 바치는 것이 아니라 자아ego를 버리고 마음을 여는 것입니다. 당시 사람들의 생활이 인간의 지혜가 미치지 않는 자연이라는 위대한 힘에 농락당한 것이 바로 이러한 신앙이 생겨난 배경입니다. 따라서 신앙은 자신을 그런 위대한 힘의 일방적인 피해자 입장에서 그 힘의 은혜에 관여하는 적극적인 존재로 바꾼다는 데 의미가 있었습니다.

근대에 이르러 사람들은 그런 고대인을 미개하다며 경멸하고 조롱했습니다. 그러나 근대의 인류가 지구 환경을 무참히 파괴함으로써 인간뿐 아니라 모든 생물들이 생명에 위협을 받게 된 지금 오히려 위대한 힘에 대한 겸손한 자세가 재인식되고 있습니다. 거기에는 인간이 근대화를 추구한다는 미명 아래 행한 많은 일들이 수백만 년 동안 보존해온 생태계를 파괴하는 치명적인 무기로 변해버렸다는 뼈아픈 반성도 들어 있습니다.

근대 합리주의의 영향으로 인간은 대단한 자신감을 갖게 되었습니다. 그리고 그것은 무엇이든지 자기 생각대로 할 수 있다는 교만함으로 이어졌습니다. 그러나 역사를 돌아보면 인간이 문명을 이루고 역사를 만들기 시작한 때로부터 불과 4, 5천 년밖에 지나지 않았습니다. 근대 합리주의가 등장한 지도 불과 몇백 년밖에 되지 않습니다. 그렇게 생각하면 사람의 마음이 다시 종교로 돌아서는 것은 어쩌면 당연한 흐름인지도 모릅니다.

한자와 히에로글리프로 엿보는 고대인의 종교관

고대인에게 종교가 얼마나 큰 부분을 차지했는지는 문자의 성립을 보면 명확히 이해가 됩니다. 특히 한자에 대해서는 한자 연구가 시라카와 시즈카의 연구를 통해 알 수 있는데, 상당 부분 종교적인 의식 및 군사와 밀접한 관계가 있음이 드러났습니다. 예를 들어 阝좌부 방은 '신을 모시는 제단신이 오르내리는 계단'을 의미하고, 口입 구는 신체에 있는 입이 아니라 '신의 의식에 사용되는 그릇'이라고 해석했습니다. 또한 道길 도라는 글자의 경우, 우리는 보통 그 글자에 왜 首가 들어 있을까에 대해 생각하지 않는데, 그 뿌리를 조사해보면 무서운 배경이 숨어 있음을 알 수 있습니다.

시라카와에 따르면 道라는 글자는 '길을 가다'라는 의미의 책받침과 인간의 머리를 의미하는 '首'가 더해져 '잘린 목을 들고 길을 가다'라는 의미를 담고 있다고 합니다. 왜 그런 무서운 행위가 '道'일까요? 『시라카와에게 배우는 한자는 즐거워』에는 다음과 같이 쓰여 있습니다.

> 다른 씨족이 있는 토지나 외계로 통하는 길은 사악한 영靈에 접촉하는 매우 위험한 곳이었는데, 그 '道'를 갈 때 다른 종족의 목을 베어 그것을 손에 들어서 그 주술의 힘으로 사악한 영을 쫓아냈다. 그 부정을 씻어내는 것을 '導'라고 하며 부정이 씻긴 곳을 '道'라고 하고 '길'이라는 의미로 썼던 것이다.

이민족의 목을 베어 그 머리를 손에 들고 가면 사악한 영을 쫓을 수 있다니 무서운 이야기입니다. 문자에는 그런 종교적인 요소가 포함되는 경우가 많습니다. 이것은 동양에 한정되지 않고, 고대 이집트의 문자 '히에로글리프'에도 고대 이집트인의 종교관이 반영되어 있습니다.

히에로글리프는 1822년 프랑스의 이집트 학자 장 프랑수아 샹폴리옹Jean Francois Champollion에 의해 해독되었는데, 성각문자聖刻文字 또는 신성문자神聖文字라고도 합니다. 샹폴리옹이 '로제타석Rosetta Stone'이라는 석판의 비문을 바탕으로 하여 히에로글리프를 해독한 것은 유명한데, 그 가운데 가장 먼저 해독한 것이 바로 '람세스'라는 왕의 이름이었습니다. 히에로글리프에는 왕의 이름이 '카르투슈Cartouche'라고 불리는 타원형의 틀로 둘러져 있기 때문에 문장 중 어느 글자가 왕의 이름을 나타내는지 쉽게 알 수 있습니다.

그는 고대 이집트어와 가까운 콥트어Coptic Language로 태양신을 나타내는 '라Ra'라는 단어가 람세스라는 왕의 이름을 나타내는 카르투슈에 기록된 '○'라는 것을 알았습니다. 이 '○'는 태양을 상징한 것으로, 태양신을 의미했습니다. 그렇게 해서 샹폴리옹은 '람세스'라는 이름을 나타내는 문자가 왕의 이름인 동시에 '태양신 라가 낳은 자'라는 의미를 가진 말이라는 것도 알아냅니다.

그가 해독한 히에로글리프를 보면 한자와 마찬가지로 당시 사람들이 위대한 힘과 깊은 관계를 가진 생활을 했음을 알 수 있습니다.

이렇게 보면 종교나 신앙은 '미개하다'는 한마디로 규정될 문제가 아님을 알 수 있습니다. 종교로부터 벗어나려고 했던 것이 근대라면, 현대는 그 반동으로서 눈에 보이지 않는 힘을 중세의 맹목적인 신앙과는 또 다른 형태로 받아들이고 있는 시대입니다. 그 시도 가운데 하나가 자신의 마음에서 인간의 지혜를 뛰어넘는 힘을 발견한 정신분석학입니다. 현대의 정신분석학에 큰 영향을 준 프로이트는 인간의 지혜를 뛰어넘는 힘의 원천으로서 '무의식'을 주장했습니다. 무의식은 의식으로 조절하거나 통제할 수 없는 마음의 영역입니다.

또한 융은 무의식 안에는 개인의 경험을 뛰어넘는 선천적이며 인간에게 공통하는 구조영역이 있다고 생각했습니다. 그는 이것을 '집단무의식'이라고 명명했습니다. 그가 집단무의식의 존재를 확신한 이유와 관련하여 '태양의 페니스'라는 재미있는 에피소드가 전해집니다.

융이 부르크횔츨리 정신병원에 근무할 때의 일입니다. 그가 진료했던 정신분열증 환자 중 한 명이 태양을 보고 융에게 이렇게 말했습니다.

"선생님, 태양의 한가운데에 페니스가 달려 있죠? 저게 흔들리며 바람이 불어요."

이 말을 들은 융은 깜짝 놀랐습니다. 왜냐하면 "태양의 페니스가 바람을 일으킨다"라는 모티브가 고대종교 가운데 하나인 미트라교의 기도서에 기록되어 있는 내용과 매우 흡사했기 때문입니다. 물론 이 환자가 그 기도서를 읽은 적은 없었습니다.

이 일이 있은 뒤로 융은 환자의 발언을 단순한 망상에서 나온 것으로 생각하지 않고, 거기에는 눈에 보이지 않는 힘이 있고, 그 사람은 그 힘과 이어져 있다고 생각하게 되었습니다. 동시에 융은 세계 각지의 신화와 전설을 조사해 거기에 어떤 공통점이 있는지를 찾아보았는데, 그 결과 다양한 민족이 마음 깊은 곳에 '공통적인 부분=집단무의식'을 갖고 있다고 확신하게 되었습니다. 만일 융이 말하는 집단무의식이 정말 존재한다면, 우리는 스스로 자신을 처음부터 끝까지 전부 조절할 수 있다고 믿고 있지만 사실은 그렇지 않다는 뜻이 됩니다. 실제로 보통은 생각할 수도 없는 처참한 살인사건이 일어나면 인간은 자신을 조절하지 못하는 경우도 있습니다.

우리 인간은 자신의 안과 밖에 스스로 조절할 수 없는 커다란 힘을 가진 무엇인가를 품고서 살아가는 것일지도 모릅니다.

종교의 시대보다 '신화의 시대'로 돌아가라

앞서 제국주의가 기독교를 이용했다고 했습니다. 그런데 기독교가 탄생하기 이전의 세계에서는 종교에 의한 분규는 거의 일어나지 않습니다. 예를 들어 알렉산드로스 대왕은 여러 나라와 민족을 포함하는 거대 제국을 건설했는데, 그것은 단순히 무력으로 주권을 빼앗은 것으로 지배 시스템에 대해서는 손을 대지만 사람들의 신앙에는 일절 관여하지 않았습니다. 오히려 알렉산드로스 대왕은 그리스인이나 마케도니아인과 현지의 페르시아인의 결혼을 장려합니다. 이교도 간의 결혼이기 때문에 문제의 발단이 될 것 같지만, 그런 기록이 거의 없는 것을 보면 당시의 신앙은 지금의 우리가 생각하는 것만큼 배타적이지는 않았던 것 같습니다.

로마제국도 카이사르 시대에 통치상의 문제는 로마의 시민권을 어떻게 하느냐가 주된 관심사였고 종교에 관해서는 거의 손을 대지 않습니다. 나는 카이사르가 종교에 관여하지 않음으로써 자신이 정복한 지역 사람들의 정체성을 혼란스럽게 하지 않았을 뿐만 아니라 그것이 고스란히 지배 시스템의 안정으로 이어졌기 때문에 매우 현명한 통치 방식이라고 생각합니다.

고대 그리스와 로마는 힘 관계로 말하자면, 로마가 그리스 세계를 집어삼키지만 종교적으로는 로마의 신들이 그리스 신화의 신들과 일체화를 꾀하는 형태로 흡수됩니다. 이것은 일본이 불교를 수입했을 때 일본의 신들의 본체는 사실 불교의 부처였다고 하는 '본지수적설本地垂迹說'이라는 형태로 양자의 관계를 정리한 것과 비슷합니다. 이러한 수습방식이 가능했던 이유 중 하나는 신도神道나 불교, 그리스 신화, 로마 신앙 전부 원래 신화에 등장하는 신들의 수가 많기 때문입니다. 그래서 다른 나라의 신이 들어왔음에도 거부감 없이 받아들이는 포용력이 있었던 것입니다. 그리고 신들의 수가 많아지면 비슷한 신이 있게 마련입니다. 예를 들어 본지수적설에서 아마테라스 오미카미天照大神, 태양신의 본모습은 비로자나불석가의 진신을 높여 부르는 칭호이라고 하는데, 이 둘은 모두 '태양신'이라는 공통점을 갖고 있습니다. 그리스와 로마의 신화가 융합한 배경에도 이러한 공통점 찾기가 있었죠.

이와 같은 신화 세계의 공통성을 연구한 책으로 조지프 캠벨Joseph Campbell의 『천의 얼굴을 가진 영웅』이 있습니다. 캠벨에 의하면 신화에 등장하는 영웅에는 특정한 유형이 있다고 합니다. 우선 고향을 떠나 여행을 하고, 고난을 극복한 후 고향으로 돌아가는 영웅입니다. 이런 영웅 이야기는 전 세계에 거의 공통적으로 존재합니다.

신화 세계에 등장하는 신들은 인간적인 개성을 갖고 있지만 폭력적이지도 배타적이지도 않습니다. 개중에는 디오니소스처럼 다소 거칠고 자유분방한 신도 있지만 신화의 세계는 전체적으로 신과 인간이 서로 돕는 평온한 세계입니다. 캠벨의 말대로 신화 세계가 인간에 공통하는 욕구의 현상으로, 신과 인간이 공생하는 평온한 세계라면 지금 종교에 대한 욕구가 높아지고 있는 것은 우리가 지향해야 할 세계가 기독교나 이슬람교 같은 일신교적인 세계가 아니라 많은 신들을 포함하는 신화의 세계에 있다는 뜻이 아닐까요?

존재에 대한 불안이 종교를 소생시킨다

고대부터 세계사를 보면 인간이 자기 존재의 왜소함, 불안정함을 견디지 못하고 여러 대상에 의존해온 결과가 오늘날의 문화가 되었음을 알 수 있습니다. 그로부터 언어가 생기고, 문자가 생기고, 종교가 확립되고, 또 다른 방향으로는 과학의 발전으로 이어졌습니다. 다시 말해, 무질서를 견디지 못하고 질서와 안정을 원하는 인간의 감정이 이 세상에 '문화'를 만들어낸 것입니다. 하지만 다른 한편으로는 신을 갈망하는 마음이 수많은 다툼과 분쟁을 만들어낸 것도 사실입니다. 지금 새삼 종교라니, 시대착오적인 발상이라는 사람도 있지만 우리가 생각하는 이상으로 현대는 종교에 의해 움직이고 있습니다.

티베트 문제만 해도 달라이 라마라는 종교적인 중심이 있기 때문에 독립을 외치는 목소리가 사그라들지 않습니다. 중동전쟁도 종교적인 불관용이 장애가 되어 싸움을 종결시킬 수 없는 것입니다.

세계의 움직임과 종교는 왜 늘 밀접한 관계를 맺고 있을까요? 애초에 문제는 인간이 자기 속의 회로로는 자신을 안정시키기 어려워 타인의 승인을 필요로 하게 된 데 있습니다. 인간이 가진 존재로서의 불안, 그것을 보충하는 존재로서 '신'을 아주 오랜 옛날부터 필요로 해왔다는 것이 이를 말해줍니다. 한때 인류는 자신들이 만들어낸 과학이 신을 대신해 자신들을 안정시켜주지 않을까 하는 희망을 가졌었는데, 최근에는 그 과학이 지구환경을 치명적으로 위협하는 부메랑이 되어버렸다는 것을 깨달았죠. 그 결과 과학과 이성에 대한 신앙이 흔들리게 된 겁니다.

그 틈을 노려 재빠르게 치고 들어온 것이 일찍이 과학에 그 지위를 위협받은 적 있는 신이었습니다. 이런 시대이기 때문에 신의 이름하에 지금까지 종교가 무슨 일을 해왔는지 세계사를 통해 명확히 알아야 합니다. 그렇게 함으로써 좀 더 냉철한 눈으로 세계사의 흐름을 읽어가면 앞으로 자신이 어떤 입장을 취하고 어떻게 행동해야 할지도 알 수 있지 않을까요?

2

암흑이 아니었다!

재인식되는 중세

애무는 안 됩니다.

깊은 키스도 안 됩니다.

오럴 섹스도 안 됩니다.

이상한 체위도 안 됩니다.

한 번뿐입니다.

즐기지 않도록 하세요…….

'성性의 단속센터'로서의 중세 가톨릭교회

세계사 교과서를 보면 서양의 역사에서 오랫동안 지속된 중세라는 암흑시대에 빛을 비추듯 르네상스가 일어나고 그것이 근대의 막을 열었다, 하는 기술이 많습니다. 사실 그런 견해에는 비판도 적지 않습니다. 중세는 정말 '암흑의 시대'였을까요?

세계사에서 중세의 구분은 의외로 막연한데, 일반적으로 5세기 후반 서로마제국의 멸망부터 15세기까지 약 1천 년간으로 되어 있습니다. 세계사에서 중세라 한 경우, 그 중심은 유럽이고 이 시대는 기독교회가 절대적인 권력을 가졌던 시기입니다. 물론 이 시대도 세속 권력으로서의 왕은 존재했지만 그보다 '성스러운 권력'인 교회의 힘이 훨씬 강했고 그 권력이 사람들 생활의 세세한 부분에까지 영향을 미치던 시대입니다.

당시의 교회는 세속적인 행위인 결혼과 지극히 사적인 행위인 성행위까지 폭넓게 개입합니다. 사실 이것이 유럽 중세의 특징이죠. 중세 이전의 고대 그리스나 로마 모두 성에 대해서는 상당히 관대해서 동성애도 공공연하게 이루어졌습니다. 예를 들어, 고대 그리스의 철학자 플라톤의 『향연』에는 소년애가 얼마나 멋진 것인지를 많은 사람들이 득의양양하게 이야기하는 부분이 나옵니다.

하지만 중세시대로 들어오면서 교회는 그런 행위를 엄하게 금지합니다. 동성애는 당치도 않고, 이것도 안 된다 저것도 안 된다 하며 세세한 부분에까지 금지사항을 정해놓습니다. 『서양 중세의 남과 여』라는 책에 6세기부터 12세기에 걸쳐 편집된 '속지 규정서'에는 성행위에 대한 금지규정이 실려 있는데, 이 내용이 정말 놀랍습니다.

상대가 결혼해서 사흘 이상 지난 아내라는 것이 대전제로, 생리 중, 임신 중, 수유 중의 성행위는 안 되고, 크리스마스나 부활절에도 안 됩니다. 또한 일요일, 수요일, 금요일, 토요일에도 안 된다고 되어 있습니다. 이쯤 되면 '도대체 되는 날이 언제야!' 하는 반분이 튀어나올 정도입니다.

이러한 수많은 허들을 넘고 겨우 마지막 질문인 "자녀를 갖고 싶나요?"에 이르러서 "네"라고 대답하면 그제야 겨우 "그럼 좋습니다!" 하고 마지못해 허락합니다. 그런데 여기서 끝이 아닙니다. 이번에는 섹스를 하는 데 있어 지켜야 할 금지사항이 줄줄이 나와 있습니다. 애무는 안 됩니다. 깊은 키스도 안 됩니다. 오럴 섹스도 안 됩니다. 이상한 체위도 안 됩니다. 한 번뿐입니다. 즐기지 않도록 하세요…….

금지사항이 너무도 많아서 이 계율을 정확히 지키면 도대체 섹스가 가능한 날이 1년에 며칠이나 될까, 하는 의문이 들 정도입니다. 실제로 이에 대해 조사한 학자가 있습니다. 장 루이 플랑드랭이라는 프랑스의 학자인데, 그의 연구에 의하면 1년에 44번, 즉 한 달에 서너 번 정도였다고 합니다.

이렇게 중세 교회는 섹스에 대해 허락되는 기간과 구체적인 방식까지 상세히 규정하는 것으로 사람들을 관리했는데, 그 까다로움은 도가 지나칠 정도였습니다.

성직자가 가장 선정적일 수밖에 없었던 이유

'고해'라는 제도

성행위 외에 당시 사람들을 심하게 구속한 것이 '고해告解'의 의무였습니다. 고해는 자신이 범한 죄를 사제를 통해 신에게 고백하고 용서를 구하는 행위입니다. 1215년 제4회 라테라노 공회의로마 라테라노 대성당에서 열린 세계교회 회의에서 이 고해를 1년에 한 번 하는 것이 성인남녀에게 의무화되었습니다. 원래 고해는 평생 한 번만 하는 것이 인정된 공개적인 속죄 행위였습니다. 교회 사람들 앞에서 자신의 죄를 고백하고 용서를 구하는 것인데, 거기에는 사회적인 제재가 따랐습니다. 고해를 하는 사람은 이후까지 낙인이 찍혀서 독신인 경우 결혼을 할 수조차 없게 됩니다. 그런 터라 고해를 하는 데 상당한 용기가 필요하게 되죠.

그래서 실제로는 자신이 범한 죄가 주위에 알려져 그대로 있을 수 없는 경우에만 어쩔 수 없이 하는 행위였습니다. 그 때문인지 언제부터인가 고해는 공개적인 방식이 아닌 사제와의 사이에서 비밀리에 이루어지는 형식으로 바뀌었습니다. 자료에 의하면, 그러던 것이 12세기경에 이르러 완전히 비밀 형식을 취하게 되었다고 합니다.

1215년에 의무화된 것은 이 비밀 형태의 고해입니다. 평생 한 번 할까 말까 했던 고해를 1년에 한 번 이상 하게 되었기 때문에 고해의 내용도 자연히 일상적인 것이 됩니다. 성적인 금지 사항이 많았던 당시에 그런 죄를 범했다는 고백이 많았던 것은 어떤 의미에서 당연하다고 할 수 있습니다.

이 시대의 고해에는 비밀 형식이었던 만큼 재미있는 일화도 많습니다. 사실인지 거짓인지 알 수 없지만 14세기 이탈리아의 작가 보카치오의 『데카메론』을 보면 사제가 고해를 듣고

흥분한 나머지 그 여성을 겁탈했다는 이야기도 있습니다.

이렇게 중세의 교회는 '신에 대한 죄'라는 개념을 이용해 사람들의 성생활에 개입하고 최종적으로는 성을 단속하는 센터와 같은 존재가 되어갔습니다. 또한 그것으로 사람들이 범한 죄를 고백하게 하는 묘한 시스템을 만들어 '중세 세계의 중심'이 되었습니다.

미셸 푸코는 『성의 역사』에서 이러한 교회의 권력 침투 형태를 치밀하게 분석해 통렬히 비판합니다. 욕망이나 성적인 문제에서 가장 먼 곳에 있어야 할 성직자가 성적인 정보가 가장 많이 모이는 장소에서, 그것도 비밀리에 다양한 성생활을 고백 받는 위치에 놓이게 됩니다. 『데카메론』의 세계 자체가 사실이었다고는 생각하지 않지만 그러한 체제, 그러한 시스템하에서 제아무리 성직자라고 해도 성적 유혹을 받는 것은 어쩌면 당연한 일이었을지도 모르겠습니다.

육체를 지배함으로써 인간을 통제했던 중세 기독교회

프랑스의 중세 역사가 자크 르 고프Jacques Le Goff는 『중세 몸의 역사』라는 저서를 통해 "중세는 육체의 시대이다"라고 주장합니다. 중세에서 '육체'는 하찮고 꺼려야 할 대상인 동시에 소중하고 성스러운 것이기도 했습니다. 기독교에서는 아담과 하와가 지혜의 나무 열매를 먹고 난 뒤 알몸을 부끄럽게 여기게 되었다는 '원죄'의 사고방식과 함께, 예수의 몸을 성스러운 것으로 숭배하는 사상이 있기 때문입니다. 후자의 전형이 미사에서 사제로부터 예수의 몸인 빵을, 그리고 예수의 피인 와인을 받는 '영성체'라는 의식에서 나타납니다.

당시 성직자들에게 '인생은 끝없는 금욕의 연속'이었습니다. 깨끗한 것은 영혼일 뿐, 욕망과 분리할 수 없는 육체는 영혼의 작용을 방해하는 꺼림칙한 것이라고 생각했습니다. 교황 그레고리우스 1세는 "육체는 영혼의 불쾌한 옷"이라고까지 말합니다. 육체는 불길하고 꺼림칙하기 때문에 성스러운 교회가 그것을 조절해 신의 마음에 들게 해야 한다는 것이 중세의 사고방식이었습니다. 그래서 르 고프가 말하는 "중세는 육체의 시대"란 육체에 대한 관리가 너무 엄격하게 이루어졌던 시대, 즉 육체를 조절하기 위한 방법에 강한 관심을 나타냈던 시대가 중세라는 의미입니다.

그러한 기독교회의 육체에 대한 멸시를 용기 있게 비판한 것이 19세기 후반의 철학자 프리드리히 니체Friedrich Nietzsche입니다. 니체는 인간의 육체는 대지와 연결된 것이므로 그 욕망을 긍정해야 한다고 생각합니다. 그래서 기독교적인 도덕관은 하찮은 것으로, 육체야말로 위대한 이성이라며 육체의 복권을 주장합니다. "신은 죽었다"라는 그의 말은 유명한데, 그가 이 말을 하기까지 중세의 육체 멸시에 바탕을 둔 도덕관은 중세 세계가 끝난 후에도 프로테스탄트에 의해 이어져 절대적인 것이 되었습니다.

최근 들어 인간은 이 주술로부터 어느 정도 해방된 것처럼 보이지만, 아직도 서양 문화의 깊숙한 곳에는 여전히 육체를 멸시하는 사고방식이 남아 있습니다. 중세의 도덕관념이 지금도 서양 세계에 진하게 물들어 있는 것은 그것이 단순한 습관이나 도덕관념에 머물지 않고 교회가 '규칙'으로서 의도적으로 규정했기 때문이라고 르 고프는 생각합니다. 즉 신자를, 그리고 민중을 철저히 통제하고 싶은 교회는 육체를 완전히 관리하지 못하면 안심이 안 되고 조바심이 납니다. 따라서 육체에 관한 것을 기독교적 규범에 적용해 교회가 철저히 관리할 수 있는 체제를 만든 것입니다.

교회가 장악한 육체에 대한 규정은 성행위에 그치지 않습니다. 식욕 역시 성욕과 같은 죄로 여겼기 때문에 이것도 교회가 관리해야 한다고 생각했습니다. 따라서 식사에 대한 예의나 조리법 등에 관한 것도 교회에 의해 상세한 규정이 만들어졌습니다. 이렇게 육체를 활용하는 모든 측면이 교회에 의해 규정되면서 중세에서는 행동거지 자체가 하나의 문화로 전개됩니다.

신에게 기도할 때도 손 모으는 법과 자세 등이 매우 상세히 규정되어 있어서 그것에 따르지 않으면 부도덕하다는 꼬리표가 붙게 됩니다. 이렇게 육체를 지배하는 것은 마음을 지배하는 지름길이기도 합니다. 갑자기 마음을 지배하기는 어렵지만 눈에 보이는 육체의 행동양식을 지배하고 그것에 따르지 않으면 “지옥에 떨어진다”라고 하면 사람들은 의외로 쉽게 따르기 때문입니다.

르네상스의 발단이 된 십자군전쟁

이렇듯 중세라는 시대는 한마디로 교회가 막강한 권력을 휘둘렀던 시대입니다. 그리고 교회의 강한 지배를 무너뜨리듯 활짝 꽃피운 것이 르네상스입니다.

르네상스 하면 레오나르도 다 빈치나 미켈란젤로 같은 뛰어난 예술가가 다수 배출된 ‘이탈리아 르네상스’를 떠올리게 되는데, 사실 ‘르네상스=이탈리아의 르네상스’라는 이미지는 상당 부분 스위스의 역사가 야콥 부르크하르트Jacob Burckhardt가 1860년에 출간한 『이탈리아 르네상스의 문화』라는 책에 의해 만들어진 것으로 볼 수 있습니다.

이 책의 강한 영향력에 르 고프는 "중세 역사가에게는 위대한 동시에 고맙지 않은 인물이 야콥 부르크하르트다"라고 이야기했을 정도입니다. 르 고프는 왜 그렇게 말했을까요? 부르크하르트는 르네상스를 이탈리아 회화의 이미지만으로 해석해버립니다. 그래서 부르크하르트 이후 '르네상스는 이탈리아 르네상스'라는 인식이 세계적으로 확산됩니다. 그러나 르 고프는 르네상스를 더 큰 문제로 인식해야 한다고 생각합니다. 부르크하르트는 미술에 열광한 나머지 중세로부터 분리해 명확히 선을 그어 이탈리아 르네상스로부터 근대가 시작되었다고 주장합니다. 그러나 "그렇지 않다. 르네상스는 하나가 아니라 여럿으로, 당시의 이탈리아가 유럽 전체를 나타내는 것은 아니다"라는 견해도 있었습니다. 네덜란드의 역사학자 요한 하위징아Johan Huizinga가 이러한 주장의 선두주자로서, 1919년에 쓴 『중세의 가을』이라는 작품에 그러한 생각이 잘 나타나 있습니다. 하위징아는 이 저서에서 14~15세기 부르고뉴 공국의 문화에 대해 고찰하며 르네상스가 이탈리아에만 한정된 것이 아니라고 주장합니다. 또한 시기적으로도 12세기경부터 이미 르네상스와 유사한 움직임이 있었다고 말합니다. 12세기라고 하면 르네상스라고 하기에는 다소 이른 감이 있다고 생각할 수도 있습니다. 그래서 그는 왜 12세기인가에 대해 하나하나 요점을 짚어가며 설명합니다.

가장 큰 이유는 '십자군'입니다. 십자군이 활약한 것은 11세기 말부터 2백여 년간으로, 이 사이에 이슬람으로부터의 '성지예루살렘 탈환'이라는 슬로건하에 많은 유럽인들이 아라비아 세계로 파병되었습니다. 그들에 의해 유럽에 아라비아 문화가 일시에 몰려들어왔고, 그것이 르네상스의 계기가 되었다는 것입니다.

고대 그리스 로마적인 이상으로 돌아가는 '고대의 재생'이 르네상스의 의미이자 목적이었습니다. 그러나 이러한 고대 그리스 로마적인 위대한 지혜가 당시의 유럽에는 존재하지 않았습니다. 고대세계의 뛰어난 지혜를 모은 이집트의 알렉산드리아 도서관, 그곳을 중심으로 키워진 문화와 선현의 지혜를 정리한 다양한 서적은 유럽 교회가 아닌 이슬람 문화권에 의해 계승되었기 때문이죠. 고대의 지혜가 십자군운동을 계기로 아라비아어 문헌의 번역이라는 형태로 역수입된 것이 바로 12세기였습니다.

중세 유럽을 송두리째 뒤바꾼 연금술

아라비아로부터 유럽으로 들어온 것은 고대 그리스 로마의 유산만이 아닙니다. 이 시기에 유럽 세계 전체를 완전히 뒤바꾸어놓는 굉장한 것이 들어옵니다. 바로 '연금술'입니다. 연금술에 대한 책은 아라비아어에서 라틴어로 번역되어 유럽에 전해졌습니다. 안드레아 아로마티코Andrea Aromatico의 『연금술』에서는 다음과 같이 설명합니다.

> 유럽에서 연금술이 시작된 것은 1142년이라고 한다. 이와 같이 특정特定할 수 있는 것은, 1142년에 체스터의 로버트가 『연금술 구성에 대한 책』을 아라비아어에서 라틴어로 번역했기 때문이다. 이것은 라틴 유럽에 나타난 최초의 연금술 책이었다.

연금술은 '연금술 책'이 없으면 아무것도 할 수 없는데, 전설을 연구해보면 그 시작이 고대 그리스에서 이집트로, 그리고 이집트에서 비잔틴제국으로 전해졌다는 것을 짐작할 수 있습니다. 역사적인 검증에서도 6세기경 알렉산드리아에서 번성한 연금술이 비잔틴 제국에 전해지고, 그것이 십자군을 통해 유럽에 전파되었다는 것을 알 수 있습니다. 이 책을 시작으로 연금술은 유럽으로 확산되고, 15세기에는 거의 유럽 전체가 연금술에 미친 듯이 매달리게 됩니다. 그리고 르네상스 시대에는 유럽의 궁정이 점성술사와 연금술사를 부르고 모든 도서관이 연금술 책을 수집하기 위해 혈안이 됩니다.

금을 만들어낼 수 있다는 연금술은 인간을 자극해 아라비아 세계에서도 많은 사람들을 욕망의 포로로 만들었습니다. 비잔틴제국에서는 이 신기한 기술이 사람들의 마음을 사로잡아 급속도로 확산되는 것을 두려워하여 엄격한 단속이 이루어졌습니다. 유럽에 연금술이 들어온 것은 12세기, 아직 교회가 엄격하게 지배하던 시대입니다. 한데 이 수상하면서도 매력적인 연금술을 교회는 어떻게 다루었을까요? 사실 유럽에서 연금술에 가장 열광적으로 빠져든 사람은 금욕을 최우선으로 해야 할 수도사들이었습니다. 프란시스코회나 도미니카회도 결국에는 연금술에 관여한 수도사들에게 이단의 죄를 묻는 등 본격적으로 연금술을 금지하게 됩니다.

연금술은 말 그대로 금을 만들어내기 위한 기술입니다. 그러나 단순히 금만 만들어내는 것이 아닙니다. 정확히 말해 이 기술을 사용하면 금도 만들 수 있다는 것입니다. 그렇다면 이 기술로 다른 무엇을 만들 수 있을까요? 바로 이 부분이 연금술의 놀라운 점인데, 이론적으로는 무엇이든 만들 수 있습니다. 모든 물질을 다른 물질로 바꿀 수 있고, 생명을 만들어낼 수도 있어서 불로불사不老不死는 물론이고 죽은 자를 살릴 수도 있다고 믿었던 것입니다.

그 만능의 힘을 손에 넣기 위해 꼭 필요한 것이 '현자의 돌'입니다. 현자의 돌은 어디에 가면 구할 수 있는 돌이 아니라 연금술 기술로 만들어내는 것입니다. 앞에서 연금술은 연금술 책이 없으면 아무것도 할 수 없다고 했는데, 그것은 현자의 돌을 만드는 방법이 책에 쓰여 있기 때문입니다. 이 현자의 돌이 또한 괴이해서 일단 '돌'이라고는 하지만 그 본질은 '세계 영혼을 응축한 것'입니다. 세계 영혼이란 모든 물체를 다른 물체로 바꿀 수 있는 것으로, 그것을 항아리에 넣어 액체화하여 밀폐했다는 이야기가 연금술 책에 기록되어 있습니다. 동양의 신선술神仙術에 불로불사의 신선이 되기 위한 환약 '단丹'이라는 것이 있는데, 아마도 현자의 돌은 그것과 비슷한 것 같습니다.

정말로 현자의 돌을 만들었다는 증거는 어디에도 남아 있지 않지만, 재미있게도 그런 무모한 시도가 근대과학으로 이어지게 됩니다.

연금술의 최종 도착점은 '금'이 아니라 '화학'이었다?

인간의 지혜를 뛰어넘는 위대한 힘. 고대인은 그것에 고개를 숙이고 기도와 공물을 바치며 그 힘에 의존해왔습니다. 그러던 것이 연금술이 등장함에 따라 중세인들은 그 힘을 자신의 것으로 만들려 했던 것이죠. 다시 말해 인간이 스스로 창조주와 같은 힘을 가질 수 있다고 생각한 것이기 때문에 연금술은 어떤 의미에서 인간의 오만함의 결정체였다고도 할 수 있습니다. 연금술의 최종 목표인 '현자의 돌'을 만드는 것부터가 불가능한 일이지만 당시 사람들은 그 가능성을 굳게 믿으며 포기하지 않고 실험을 계속 했습니다.

연금술에서는 상당히 위험한 실험들이 시도됩니다. 특히 수은과 유황을 사용한 실험에서는 희생자도 많았습니다. 그래도 실험은 중단 없이 계속되었는데, 그런 오랜 과정을 거쳐 연금술이 최종적으로 도착한 지점은 '금'이 아니라 '화학'이었습니다. 회학은 영어로 'Chemistry'인데, 그 어원은 연금술을 의미하는 'Alchemy'입니다. 즉 화학은 기본적으로 연금술의 흐름 속에서 생겨난 것입니다. 현재의 화학에서 사용되는 실험 도구 중 많은 것들이 이 시대의 연금술사들이 개발한 것입니다. 당시 그림을 보면 알 수 있지만 플라스크나 유리관 같은 현재의 화학 실험기구와 상당히 흡사한 모습이 많습니다.

연금술로 금을 만들어내는 것은 불가능했지만 그 과정에서 다양한 물질이 혼합되고, 그 화학 변화들이 관찰되고 기록되면서 과학적 지식이 축적되어갔습니다. 그리고 그것은 근대과학의 모체가 되었습니다.

대부분의 발상은 잘못되었다, 과정도 잘못되었다, 현자의 돌은 존재하지 않는데도 그것을 목표로 삼았다, 하는 식으로 모든 것이 잘못되었는데도 그 과정에서 얻어진 것을 축적한 결과 근대적인 학문이 생겨났으니 다행이라고 해야 할까요, 불행이라고 해야 할까요? 현대에서는 연금술이나 현자의 돌 같은 것은 우스개 이야기로 치부되지만, 그 오만함은 완전히 사라지지 않은 것 같습니다. 과학이 발전한 결과 최근에는 생명과학 분야에서 인공적으로 세포를 만드는 연구가 급속하게 진행되고 있습니다. 이제 인간은 스스로 생명까지 조작하는 존재가 되려고 하는 것입니다.

이런 정도까지 되면 더 이상 연금술에서 볼 수 있는 '귀염성'은 사라지고 없습니다. 자신들이 '과학'을 만들어냈으면서도 완벽하게 통제하고 조절할 수 없게 되는 위험한 상태가 되어버리기 때문입니다. 여기서 말하고 싶은 것은 이러한 시점에서 보면 우리가 르네상스라고 생각하는 이탈리아의 문예부

흥은 사실상 르네상스 가운데 일부에 불과했다는 점입니다. 교회의 지배가 아직 견고했던 12세기경부터 이미 유럽에서는 십자군을 통해 아라비아 문화가 유입되기 시작했고, 그것으로 중세 유럽 각지에서 르네상스적인 움직임이 조금씩 싹트고 있었기 때문입니다.

중세부터 근대로의 이행은 교회의 절대적인 지배가 1천 년 동안이나 계속되다가 갑자기 이탈리아 르네상스라는 커다란 꽃이 만개한 것으로 시작된 것은 아닙니다. 12세기경부터 각지에서 조금씩 작은 꽃들이 피기 시작했고, 그 연장선상에서 이탈리아 르네상스라는 커다란 꽃이 활짝 피어난 것입니다.

우리의 머릿속에는 르네상스=근대의 개막, 이라는 부르크하르트의 사고방식이 배어 있어서 르네상스라는 말을 사용하면 거기서부터 근대가 시작되었다고 생각하기 쉽습니다. 하지만 앞에서 얘기했듯이 이미 12세기부터 문화의 유입이 있었는데, 그것이 곧바로 근대의 시작으로 이어진 것은 아닙니다. 중세에도 후빈 이후에는 조금씩 아라비아세 문화가 유입하기 시작했고, 그것이 유럽 각지에 다양한 르네상스적인 움직임을 일으켰다는 것을 명확히 이해해야 합니다.

3

이슬람에 대해 우리가 잘못 알고 있던 것들

이슬람의 규율은 엄격함 속에서도
'느슨함'을 갖고 있습니다.
우리가 생각하는 것 이상으로
무슬림의 행동규범과 규율은
그들의 생활은 물론이고
신앙을 달리하는 사람까지도 배려합니다.

'이슬람=테러'라는 공포 이미지가 만들어진 이유

2001년 9월 11일 미국에서 일어난 동시다발 테러. 21세기가 시작되는 해에 일어난 이 충격적인 사건은 세계인들에게 새롭게 시작되는 세기에도 종교적인 충돌이 한층 격화될 것이라는 불안감을 심어주었습니다. 비극적인 9·11의 영상이 전 세계에 보도되었고, 그 영상을 본 많은 사람들은 '광신적인 이슬람교도에 의한 자폭테러'로 인식하게 되었습니다.

물론 이 경우는 미국이 피해 당사자이기 때문에 피해를 적극적으로 알리고 범인을 증오와 혐오의 대상으로 몰아가는 것도 어느 정도 불가피한 일이라고 생각합니다. 그럼에도 불구하고 이슬람 측에서 제공받는 정보나 영상, 범행의 배경에 대한 보도량이 지나치게 적어서 한쪽의 견해와 인식에 의해 만들어진 일방적인 이미지가 굳어져버린 것도 사실입니다. 특히 그 사건 이후 일본에서도 이슬람이라고 하면 자폭테러를 일삼는 광신주의자라는 이미지를 갖게 되었습니다.

무슬림이슬람교도은 코란을 매일 반복해서 소리 내어 읽어 어릴 때부터 그 가르침을 익힙니다. 이렇게 어릴 때부터 음독으로 배운 것은 평생 지워지지 않습니다. 외울 수 있을 때까지 소리 내어 읽는 음독의 위력은 그야말로 대단하죠.

집단으로 코란을 암송하는 모습에 종교적인 '세뇌'를 떠올리는 사람도 있을 겁니다. 그러나 무슬림에게 코란은 신의 말씀으로, 가장 중요하고 성스러운 것입니다. 그 소중한 것을 자녀가 어릴 때부터 몸에 익히도록 하는 것은 한 치의 의심도 필요 없는 '훌륭한 일'입니다. 게다가 우리가 선입관을 갖고 있는 것처럼 무슬림이 모두 공격적이고 세계평화에 위협이 된다면 문제지만, 역사를 살펴보면 오히려 그들은 기독교도에 비해 상대적으로 관용적이고 평화지향적입니다.

아이들이 코란을 암송하는 모습을 테러리스트 육성 장면으로 받아들이는 것은 테러 영상과 그런 아이들의 모습을 같이 보여주기 때문입니다. 어쩌면 우리는 CNN 같은 미국 매스컴에서 제공하는 영상을 일방적으로 받아들인 결과 '이슬람=테러'라는 공포 이미지로 세뇌당하고 있는지도 모릅니다.

현대사회를 올바로 판단하기 위해서도 역사를 통해 종교를 이해하는 것은 매우 중요합니다.

세계 문화의 최첨단을 이룩했던 이슬람 세계

근대 이전에는 서유럽을 중심으로 하는 기독교 세계보다 이슬람 세계가 압도적으로 뛰어난 문화를 자랑하고 있었습니다. 그러한 이슬람 문화의 우위는 그리스 로마가 문명적 우위를 상실한 후부터 서양에 근대문명이 생겨나기까지 약 1천 년 가까이 지속되었습니다. 이슬람이 세계사에 등장하는 것은 대략 7세기경으로, 그 이후는 급속하게 힘을 키워 8세기에는 중동, 아프리카, 그리고 이베리아 반도까지 포괄하는 광대한 이슬람제국을 건설합니다.

이슬람제국은 끝도 없이 영토를 넓혔고, 그전까지 고대 지중해 문화에서 시작해 고도로 발전한 그리스 로마의 문화, 그리고 알렉산드리아에 축적된 지혜를 전부 흡수하여 자신의 제국 안에서 더욱 발전시켰습니다. 우리는 과학이라고 하면 흔히 이탈리아의 갈릴레오나 영국의 뉴턴 같은 사람들이 등장하면서 시작되었다고 생각하는 경향이 있습니다. 그러나 실상 유럽의 근대과학은 이슬람 문화의 유입이라는 외부 자극에 의해 시작되었습니다. 또한 서적과 함께 그 시기 아라비아에서 유럽으로 빠르게 보급되어 근대화를 도운 것이 '아라비아 숫자'입니다. 아라비아 숫자 자체는 유럽에서 10세기경부터 그 흔적을 찾아볼 수 있지만, 일반 대중에게까지 보급되는 것은 이탈리아의 수학자 레오나르도 피보나치Leonardo Fibonacci가 1202년에 펴낸 『계산판에 관한 책Liber Abaci』에서 아라비아 숫자 시스템을 소개하면서부터입니다. 피보나치가 아라비아 숫자를 보급시키기 전까지 유럽에서는 로마 숫자가 광범위하게 사용되었습니다. 로마 숫자는 시계 문자판에서 볼 수 있는데, 'Ⅳ4'와 'Ⅵ6'이 헷갈리기 쉽고, 숫자가 커지면 쉽게 알 수 없으며, 또한 '0'이 없다는 결점을 갖고 있습니다.

'0'은 원래 인도의 발명품인데 먼저 이슬람권에 전해졌다가 전 세계로 퍼져나가게 되었습니다. 그런 의미에서 유럽 근대과학의 발전은 이슬람의 아라비아 숫자 없이는 성립할 수 없었다고 해도 지나친 말이 아닙니다. 흔히 르네상스의 3대 발명품으로 활판인쇄, 나침반, 화약을 드는데 나침반과 화약은 원래 중국의 발명품입니다. 그것이 이슬람 세계를 거쳐 유럽에 전해졌기 때문에 엄밀히 말해 유럽의 '발명품'이 아닌 유럽의 '개량품'이라고 하는 것이 맞습니다. 활판인쇄도 마찬가지입니다. 언제 누가 발명했는지는 명확하지 않지만 유럽의 요하네스 구텐베르크Johannes Gutenberg가 발명하기 훨씬 이전부터 동양에서는 이미 활판인쇄가 활발히 이루어졌습니다.

이와 같이 세계사를 보면 선진적인 문화와 문명이 유럽이 아닌 동양의 이슬람 세계에 있었던 시대가 상당히 큰 무게를 차지하고 있습니다.

'캐시어스 클레이'가 '무하마드 알리'로 개명한 이유

유럽 사회에서 기독교회는 오랫동안 막강한 영향력을 행사해왔습니다. '카노사의 굴욕' 이래 세속의 권력은 늘 파문, 즉 교회 권력의 방패를 잃을까봐 대단히 겁을 냈습니다. 이러한 파문의 공포가 지금은 외형적으로 남아 있지 않지만 사람들의 마음속에는 여전히 존재하고 있습니다. 예를 들어 미국의 대통령 선거전에서 후보자가 갑자기 개종했다면, 그것도 기독교에서 이슬람교로 개종했다면 어떻게 될까요? 과연 그는 계속 정당을 대표하는 후보자로 활동할 수 있을까요?

미국에서는 기독교도, 그중에서도 프로테스탄트를 종교로 가진 자만이 사회지도층이 될 수 있는 기본적인 요건을 갖추고 있는 것처럼 되어 있습니다. 물론 그런 법률은 어디에도 없습니다. 헌법에 따르면 미국은 종교의 자유를 인정하는 나라입니다. 당연하게도 프로테스탄트는 미국의 국교가 아닙니다. 그런데도 '지도자가 되고자 하는 자는 반드시 프로테스탄트여야 한다'는 의식이 사회 깊숙이 침투해 있습니다.

현재 60대 이상 되는 사람이라면 아마도 한때 권투로 세계를 제패했던 무하마드 알리의 원래 이름이 캐시어스 클레이였던 것을 기억할 겁니다. 그는 1960년 금메달리스트에서 프로로 전향하고 얼마 지나지 않아 무하마드 알리라는 이슬람식 이름으로 개명했습니다. 나는 어렸을 때 왜 클레이가 알리가 되었는지 잘 이해가 되지 않았습니다. 그가 개명을 한 배경에는 인종차별이라는 문제가 있었습니다. 백인우월사회에서 흑인이라는 이유만으로 차별을 받아온 그는 그러한 차별과 싸우기 위해 자신이 무슬림임을 분명히 알리고 이슬람식으로 개명한 것입니다.

이슬람교는 세계적인 종교입니다. 『이슬람교 바로 알기』라는 책에 의하면, 전 세계에서 가장 많은 이슬람교도를 가진 나라는 중동이 아니라 동남아시아의 인도네시아라고 합니다.

일국 단위로 이슬람교도의 수가 가장 많은 것은 동남아시아의 인도네시아이고, 그다음은 남아시아의 파키스탄, 방글라데시, 인도 순이다. 베스트 10 가운데 아랍국가로 중동에 위치한 나라는 두 곳뿐이고, 아랍권은 아니지만 중동에 있는 나라를 합하면 네 곳에 불과하다. 이것은 이슬람이 민족종교가 아닌, 불교나 기독교처럼 세계적인 종교임을 보여 준다.

우리는 이슬람교에 대해 막연히 '중동의 아랍인이 믿는 종교'라는 선입견을 갖고 있는데, 사실은 인종과 관계없이 전 세계에 두루 퍼져 있습니다. 참고로 앞의 인용문에서 나온 '아랍 국가로 중동에 있는 나라'는 7위 이집트와 9위 알제리, 그리고 '아랍권은 아니지만 중동에 있는 나라'는 5위 튀르키예와 6위 이란입니다.

무슬림에게 이슬람교는 공동체 그 자체다

이슬람교와 기독교의 교의적인 차이는 그리스도를 신의 아들로 인정하느냐 아니냐 하는 데 있습니다. 그리스도는 신의 아들이 아니라 모세처럼 성서에 등장하는 여러 예언자 가운데 하나이고, 무함마드가 최후이자 최고의 예언자라고 주장하는 것이 이슬람교입니다. 원래 '알라'는 특정한 신의 이름이 아니라 영어로 말하면 'God', 즉 '신'이라는 의미의 일반명사입니다.

이슬람교와 기독교에는 또 하나의 중요한 차이가 있습니다. 그것은 종교에 의한 지배의 범위에 대한 차이입니다. 성스러운 세계와 속세로 나누었을 때 기독교는 성스러운 세계만을 담당하고 속세, 즉 경제활동이나 정치활동은 다른 권력이 담당합니다. 중세 유럽에서는 교회가 모든 것을 지배했다고 했는데, 그것은 정신의 지배에서 오는 '모든 것'으로, 교황과 왕이 함께 존재했음을 봐도 알 수 있듯이 경제나 국정의 현실적인 문제에 대해서는 세속 권력인 왕이 해결했습니다. 교회는 사회, 경제, 정치에는 관여하지 않습니다. 기독교에는 그러한 기본방침이 있었습니다.

그러나 이슬람은 다릅니다. 무슬림에게 있어 이슬람교는 정신을 구원하는 의미에서의 종교에 그치지 않고 '공동체 그 자체'입니다. 무슬림들에게는 종교활동, 경제활동, 사회활동, 정치활동 모든 것이 이슬람교의 가르침에 따르는 형태로 이루어져야 합니다. 따라서 성스러운 세계와 속세를 나눈다는 발상 자체가 존재하지 않습니다. 이슬람교의 세계는 일종의 가정과 같다고 할 수 있습니다. 가족은 생활을 함께하는 공동체로 경제, 교육, 그 외의 복잡한 역할을 해내는 한 덩어리죠. 무슬림은 그 가족과 비슷한 하나의 커다란 '이슬람 공동체'라는 발상을 전제로 하고 있습니다. 이슬람 공동체는 국가나 인종에 한정되지 않는 거대한 가정입니다. 현실적으로 이것은 일종의 환상이지만 무슬림의 의식 속에는 엄연히 존재하며 그러한 관념이 생활 깊숙이 침투해 있습니다. 예를 들어 무슬림에게는 라마단이라는 단식월이 있습니다. 단식이라고는 하지만

한 달 내내 금식을 하는 것은 아닙니다. 그렇게 했다가는 전부 죽고 말겠죠. 라마단 기간 중에 식사를 금지하는 것은 해가 떠 있는 동안뿐입니다. 해가 진 후부터 다시 해가 뜰 때까지 그사이에는 먹고 마시는 것이 인정됩니다.

라마단은 이슬람력으로 해당되는 달에 세계의 무슬림이 일제히 행하는 행사입니다. 자신이 힘들고 고통스러울 때 전 세계의 모든 무슬림들이 똑같이 고통을 견딘다, 그렇게 생각하는 것으로 그들의 일체감은 더욱 커지고 '가족성'은 강화됩니다. 인간은 기쁨보다는 고통을 나누는 것으로 그 유대가 더욱 견고해집니다. 나라와 인종, 언어가 달라도 무슬림이라는 사실 하나만으로 그들은 공통의 계율을 통해 '공통의 정신'을 갖는 가족으로서 서로를 받아들일 수 있습니다. 이것은 우리가 생각하는 것보다 훨씬 강한 연결고리가 됩니다.

의외로 느슨한 이슬람의 계율

이슬람의 계율은 매우 엄격할 것 같은데, 사실은 의외로 느슨합니다. 무슬림은 여섯 가지를 믿고 다섯 가지를 행동하는 '육신오행六信五行'을 실천해야 합니다. 오행 가운데 가장 유명한 것이 예배 '살라트'입니다. 일반적으로 무슬림이라고 할 때 가장 먼저 떠오르는 것이 바로 이 하루 다섯 번 올리는 예배입니다. 다섯 번은 일단 새벽, 정오, 오후, 일몰, 밤으로 정해져 있습니다. 경건한 무슬림은 이 다섯 번을 정확히 지키려고 애를 쓰는데, 여기에도 이슬람 특유의 '느슨함'이 있습니다. 실제로는 하루 다섯 번은 힘드니까 다섯 번 가운데 두 번은 그 앞뒤 어느 쪽에 붙여서 해도 된다고 합니다. 그래서 하루 세 번 예배를 올리는 것이 일반적이죠.

예배 시간은 따로 정해져 있는데, 무슬림이 많은 지역에서는 시간이 되면 '아잔'이라는, 예배를 알리는 소리를 외치는 것으로 예배시간이 되었음을 알려줍니다. 그러나 가령 수술 중인 의사는 그 때문에 수술을 중단할 필요는 없습니다. 수술뿐 아니라 손을 뗄 수 없는 일을 하고 있는 사람은 그것이 끝난 후에 예배를 올리면 됩니다. 라마단 기간의 '사움금식'도 엄격하기는 하지만 동시에 많은 배려를 해줍니다.

누구나 어디서든 단식을 지켜야 한다고 강요하지 않습니다. 기본적으로 단식을 의무화하는 것은 다음과 같은 요건을 갖춘 사람들입니다. 무슬림일 것/정상적인 정신을 갖고 있을 것/성인일 것/건강한 자일 것/그곳에 사는 자일 것/생리 주기가 아닐 것/출산 후 출혈이 없을 것. 즉 이교도, 정신적으로 아픈 사람, 어린이, 환자, 여행자, 생리 중인 여성, 임산부, 출산

후 얼마 지나지 않은 여성은 단식을 하지 않아도 됩니다. 그밖에도 생활이 어려워서 중노동을 해야 하는 사람이나 병에 걸리지 않았어도 체력이 약한 노인은 단식 의무가 면제됩니다. 단식은 나름의 고통이 수반되는 종교적 행위이지만 약자에 대한 배려가 이루어지고 있다는 점이 지금까지도 전 세계의 무슬림들이 중요한 습관으로서 실천하는 이유가 아닐까요?

이렇게 이슬람의 규율은 엄격함 속에서도 느슨함을 갖고 있습니다. 우리가 생각하는 이상으로 무슬림의 행동규범, 규율은 그들의 생활은 물론이고 신앙을 달리하는 사람까지도 배려합니다. 물론 종교에는 '~하지 않으면 안 된다' 하는 어느 정도의 책임이 필요합니다. 인간은 나약한 존재라서 그런 규칙이 없으면 마음을 다스리기 쉽지 않기 때문입니다. 행동하는 데 제약이 전혀 없는 상태에서 신앙심을 유지하기란 어렵습니다. "매일 아침 소리 내어 경전을 읽지 않아도 좋으니까 믿어라" 하는 것과 "매일 아침 경전을 읽어라" 하는 것 가운데 그 종교에 대한 믿음이 강해지는 쪽은 역시 후자입니다. 무슬림은 5행 가운데 하나로 매번 예배를 올릴 때마다 "나는 알라를 믿습니다" 하고 신앙고백을 합니다. 이것은 길지는 않지만 매일 여러 번 기도할 때마다 반복하게 되면 자연스럽게 신앙심도 습관화되죠. 그런 관점에서 볼 때 이슬람의 '육신오행'은 매우 잘 만들어진 시스템이라고 할 수 있습니다.

아무튼 이러한 종교로서의 뛰어난 점들이 사람들에게 평가를 받았기 때문에 이슬람교는 전 세계로 퍼져나갔습니다. 바로 그 점이 기독교가 대항해시대의 정복자와 하나가 된 '강제적 포교'에 의해 세계적인 종교가 된 것과 다른 점입니다.

전 세계로 확산되는 이슬람 세계

현재 이슬람교도의 수는 20억 명 정도입니다. 26억 명인 기독교도 다음으로 많은 숫자입니다. 기독교도가 서유럽과 남북아메리카에 많은 반면 무슬림은 인도네시아, 아프리카, 중앙아시아 등 넓은 지역에 분포되어 있습니다. 북아프리카에

이슬람교의 계율
—육신오행

특히 많아서, 아프리카 대륙의 북쪽 절반은 이슬람교를 믿고 있습니다. 아프리카는 한때 유럽의 지배를 받았는데, 그 이전에는 오랫동안 이슬람제국에 속해 있었습니다. 현재의 이슬람교의 분포지도를 보면 이전 이슬람제국이었던 지역 대부분이 다시금 이슬람으로 되돌아온 것을 알 수 있습니다.

서구열강의 식민지 지배에 대한 민중저항의 하나로서 무슬림이 급격하게 확산되고 있습니다. 원래 동남아시아는 이슬람제국의 범주는 아니었습니다. 이 지역에 이슬람교가 확산된 배경에는 이슬람 상인의 활약이 있습니다. 신드바드가 등장하는 『아라비안 나이트』는 이슬람 상인이 활약하는 이야기입니다. 특히 8세기와 9세기를 무대로 한 것이 많은데, 이 시대의 이슬람 상인은 아시아, 유럽, 아프리카를 돌면서 무역을 했습니다. 이렇게 해서 이슬람 상인이 무역을 위해 세계 각지에 거점을 구축한 것이 아시아 이슬람교의 원조가 됩니다. 하지만 동남아시아에 본격적으로 이슬람교가 전파되는 것은 13세기부터입니다. 이슬람교 자체는 8세기경에 들어왔지만 그들은 포교활동을 하거나 무리하게 믿으라고 강요하지 않았기 때문에 거의 확산되지는 못했습니다. 그러다 13세기경부터 본격적으로 퍼져나간 것은 인도에 이슬람 왕조가 탄생했기 때문입니다. 그 후 인도에 무굴제국이 탄생해 타지마할로 상징되는 '인도=이슬람 문화'가 발달하자 이슬람화한 인도 상인의 활약이 증가하고 그들의 활약과 함께 동남아시아의 항구 도시에 인도계 무슬림 체류자가 증가해 이슬람교가 확산되었습니다. 거주하는 무슬림 수가 늘면 자연스럽게 모스크가 생겨나고 이슬람 문화도 퍼져나가게 되죠.

무슬림은 무슬림 간의 평등을 우선시합니다. 그것은 상업 세계에도 적용되는데, 장사를 하는 데 있어 매우 큰 이점으로 작용했습니다. 그래서 13세기 이후 동남아시아의 상인들을 중심으로 무슬림으로 개종하는 사람이 급속히 증가해 현재와 같은 이슬람 국가로 발전했습니다. 현재는 인도네시아에 2억 4천만 명, 파키스탄에 2억 3천만 명, 방글라데시에 1억 5천만 명, 인도에 1억 9천만 명의 이슬람교도가 있습니다. 이 숫자만 해도 8억 명이 넘으니 대단하다고 할 수 있습니다.

인류 역사상 최악의 형제 싸움, 팔레스타인 분쟁

현대 세계에서 가장 해결하기 어려운 문제 가운데 하나가 '중동문제'일 겁니다. 특히 이스라엘과 팔레스타인 난민을 둘러싼 문제는 국제적인 골칫거리입니다.

사건의 발단은 제1차 세계대전 중에 이루어진 영국의 거짓

말 외교에 있습니다. 영국은 오스만투르크제국으로부터 독립하려는 팔레스타인의 아랍인에게 국가건설을 승인하는 동시에 유대인의 국가 건설에도 동의했습니다. 제2차 세계대전 후 국제연합은 팔레스타인을 유대국가와 아랍국가로 분할하고 예루살렘을 여러 강대국이 공동 관리하기로 하였습니다. 그렇게 함으로써 1948년 이스라엘이 탄생했습니다. 그 직후 제1차 중동전쟁팔레스타인 전쟁이 일어났고, 이후 오늘날까지 유대인과 아랍인의 대립은 계속되고 있습니다.

애초에 그곳에 유대인의 나라를 세운다는 발상 자체가 무리였습니다. 왜냐하면 유대인이 그곳에 있었던 것은 신화적이라고 할 만큼 오래된 일이기 때문입니다. 당시 팔레스타인 지역에는 이미 많은 사람이 살고 있었기 때문에 그들에게 "우리가 나라를 만들 것이니 물러나 달라"라고 말한다는 것은 황당하고도 기가 막히는 일이었습니다. 게다가 순수하게 이스라엘과 팔레스타인만의 문제라면 그나마 나은데, 실제로 이스라엘 뒤에는 폭력적인 미국이 있었기 때문에 시간이 지나도 문제는 해결되지 않았습니다. 이스라엘이 아랍권과의 전쟁에서 패하지 않은 것은 미국의 든든한 지원이 있었기 때문입니다. 아랍인의 입장에서 보면 이스라엘도, 미국도, 그리고 그 기원을 따지자면 영국을 비롯한 유럽도 미운 것이죠.

이대로 50년 정도 지나면 팔레스타인인들도 적당히 포기하고 인정하지 않을까, 하는 사람도 있는데 나는 절대로 그렇게 되지 않을 거라고 생각합니다. 왜냐하면 그곳이 단순한 영토가 아니라 '성지聖地'이기 때문입니다. 예루살렘은 영토 싸움으로 정리할 수 있는 장소가 아닙니다. 종교상의 이유에서 절대 포기란 것이 인정될 수 없는 지역인 것이지요. 유대교, 기독교, 이슬람교 각각의 성지인 예루살렘은 일신교 삼 형제가 직접 대결하는 장소입니다. 그리고 이 '형제 싸움'이 세계를 혼란으로 몰아넣는 싸움의 커다란 불씨가 되고 있습니다.

미국이라는 나라는 우리가 생각하는 것 이상으로 종교적인 나라입니다. 대통령 선거 유세에서도 임신중절 문제가 종종 거론되곤 할 정도인데, 그것은 그들에게 신앙에 관한 문제가 대단히 중요한 의미를 갖는다는 것을 보여주는 사례입니다. 미국 대통령 취임식에서는 대통령과 부통령이 성서에 손을 얹고 선서를 하는 것이 관례입니다. 기독교 신자가 아닌 사람이 취임을 하면 어떻게 될까 하는 것은 매우 흥미로운 문제인데, 아직껏 그런 전례가 없어서 정확히 알 수는 없습니다.

국가의 정치적인 리더가 왜 성서에 손을 얹을까? 그것은 나라가 정한 법률에서 보장한 종교의 자유와 정확히 모순됩니다. 하지만 국민은 이 점에 아무런 의심도 품지 않습니다. 그

세계의 종교 분포

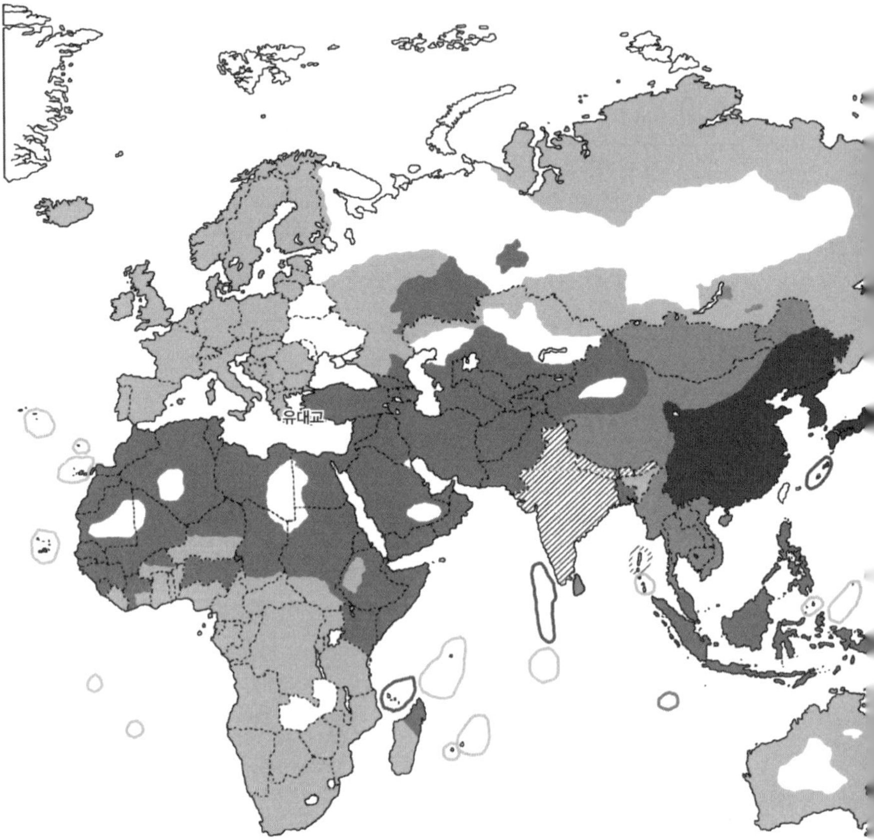

세계의 종교 분포를 기독교, 이슬람교, 불교, 힌두교로 달리 색칠하여 구분했다(물론 상세하게 보면 종파의 구별도 있고 다양한 종교가 혼재하는 지역이 대부분이라서 어디까지나 비교적 다수를 나타냄).

신도 수는 기독교 약 26억 명, 이슬람교 약 20억 명, 힌두교 약 11억 명, 불교 약 5억 명 〈International Bulletin of Missionary Research, 2023 1월호〉으로 되어 있다.

기독교
이슬람교
불교
힌두교
동아시아 지역(불교, 유교, 도교의 혼합)
그 외 민족종교 등/종교 없음

런 의미에서 미국은 확고부동한 프로테스탄트 국가입니다.

이렇게 종교라는 관점에서 세계를 보면 종교적 대립이 전쟁으로 이어지고, 그것이 장애가 되어 분쟁이 해결되지 않는 악순환에 빠지게 된다는 것을 알 수 있습니다.

앞으로 세계 역사가 어떻게 진행될지, 그것은 종교 문제와 별개로 생각할 수 없습니다.

해제

'맥락'과 '디테일'의 작가 사이토 다카시가 제공하는 쓸모 있는 세계사 교양

역사학, 아주 버릴 것인가?

역사학자들과, 언제부터 한국의 역사학이 이렇게 죽었는가에 대해 상당히 흥미진진한 토론을 벌인 적이 있다. 한국의 역사학이 죽었다는 데에는 대체로 전문가들 사이에서 거의 이견이 없는 듯하다. 다만 그 구체적인 시점이 과연 어디인가를 살피는 정도가 남은 질문인 것 같다. 한국에서 역사학은 언제 죽었는가? IMF 이전인가, 아니면 그 이후인가?

기준이 되는 사건을 하나만 꼽는다면 동양사 전공자 중에서 한문에 능통한 연구자가 사라진 일일 것이다. 한국사든 동양사든 역사에 대한 1차 자료에 접근할 수 있는 제대로 된 연구자가 되기 위해서는 한문을 어려움 없이 읽고 해독해낼 정도의 실력을 갖춘 전공자가 필요하다. 한데 학계에서는 대략 1994년 혹은 1995년 그 어느 사이의 시점에 이런 전공자들의 맥이 거의 끊겼거나 잘해야 간신히 명맥을 유지하는 정도가 되었다. 경영학을 이중 전공하면서 사회과학 일반에 대한 방법론을 배우고, 역사도 공부하면서 한문학습도 병행하는 것이 현실적으로 가능한 일일까. 여하튼 IMF 경제위기 이전에, 이미 한국의 역사학은 그 밑동인프라에서부터 서서히 죽어가고 있었다.

경제학자인 내가 역사학에 접근하는 첫 번째 입구는 '경제사'이고, 두 번째 입구는 '경제인류학'이다. 경제인류학 연구라고 해봐야 한국에서는 자체적인 연구가 거의 존재하지 않는 상태니까 굳이 언급할 필요는 없을 것 같다. 그렇다면 경제사는 어떨까? 한국의 경제사는 대개 철종 시대에서 시작하고, 더 올라가면 영정조 시대에서 출발한다. 20년 전에도 그랬고, 지금도 그렇다. 한국 경제사에서 삼국시대는 물론이고 고려시대도 사실상 고대에 해당한다고 할 수 있다. 조선 전기에 대한 연구도 희소한 상태에서, 과연 우리가 한국이라는 실체에 대해 올바로 이해할 수 있을 것인가? 사료가 거의 남아 있지 않고, 토지대장도 구하기 어려운 그런 오래된 얘기들은 넘어가자. 그렇다면 현대사에 대한 연구는 제대로 진행되고 있는가?

한국의 우파들이 그렇게 자랑스러워하는 경제개발의 시대－혹은 일부에서 '개발독재'라고 부르는 바로 그 시대－에 대해서는 역사적 차원의 연구가 제대로 진행되고 있는가? 기업사로 분류할 수 있는 1950년대에서 1970년대에 벌어진 일들 역시 사료가 대규모로 사라지고 있는 중이지만 정작 이런 연구에 투입할 수 있는 인력도 자금도 사실상 존재하지 않는 상황이다.

한마디로 우리는 한국 역사에 대해 거의 아무것도 모르는 상황에 놓여 있다고 할 수 있다. 물론 마르크스주의 유물사관을 논하던 시절에 해놓은 연구가 있고, 그렇게 욕은 하지만 일제시대의 실증 사학에 의한 아주 오래된 연구들이 일부 남아 있다. 그러나 21세기를 살아가는 지금 우리의 관점에서 새롭게 재해석된 연구, 그런 것은 이제 존재하지 않는다. 자, 그렇다면 이제 우리에게 역사학이 필요하지 않은 것인가?

굳이 해석학을 주창했던 빌헬름 딜타이나 폴 리쾨르 같은 사람들을 거론하지 않더라도 역사는 시대에 따라서 해석되고 재해석된다. 현대에 재해석되지 않은 역사는 죽은 것이고, 시대가 역사를 해석하는 방식에 따라 후대에 그 시대도 재해석되는 것이다. 해석이 죽은 시대는 그 시대 자체가 죽었거나, 해석이 살아 있는 다른 시대에 필연적으로 종속될 수밖에 없다. 역사학을 가지지 않은 나라에서 능동적으로 시대를 열거나 주도한다는 것은 아예 불가능하다. 단언하건대, 역사적으로 그런 일은 단 한 번도 일어난 적이 없다. 전 세계에 드러내놓고 자랑할 만하다는 『조선왕조실록』을 비롯해서, 한반도에 뿌리내렸던 그 어떤 왕조도 지금의 우리처럼 역사에 대한 기록과 해석을 등한시하면서 국가를 이끌었던 적은 없었다. 지금 우리의 역사학은 천천히 죽어가고 있다. 아니, 어쩌면 30대 이하의 세대에서 역사학은 이미 죽었다고 할 수 있고, 그런 관점에서 볼 때 역사의 힘과 가능성을 적극적으로 활용하는 상상력은 불행하게도 그 동인動因을 잃어버린 상태다.

거대한 '함단'과 단독 항해하는 '범선'

화제를 일본으로 돌려보자. 역사학의 위기를 겪고 있는 한국과 달리, 일본은 역사학을 버린 적이 없다. 한국에서는 모두가 돈과 실용만을 떠들어대는 오늘날 21세기에도 일본의 역사학은 튼튼한 사회적 자본으로서의 역할을 거뜬히 해내고 있다. 또한 일본은 역사를 전문가들만이 아닌 일반 국민들도 사랑할 뿐 아니라 그렇게 얻은 인문학적 소양을 바탕으로 촘촘하고도 빼곡한 연구들과 응용 저작들을 지속적으로 내어놓고 있다. 시오노 나나미의 『로마인 이야기』가 아마도 가장 대표적인 사례일 것이다. 이것이 일본이 가진 힘 가운데 하나라고 나는 본다.

우리는 일본의 역사학을 '역사왜곡' 정도로 쉽게 폄하하지만, 냉철히 살펴보면 그것은 그야말로 빙산의 일각에 지나지 않는다. 일본의 역사학은 그 자체로 거대한 빙산과 같으며, 그 힘은 세계사에 대한 다각도의 재해석으로 활발히 이어지고 있다. 그리고 그러한 힘들이 일본 자본주의를 위기 속에서도 계속 구해주고, 부패하지 않도록 자정능력을 만들어주며, 이런 거대한 흐름 속에서도 일반인들이 소외되지 않게 하는 원천 능력이 되고 있다고 생각한다.

『세계사를 움직이는 다섯 가지 힘』. 메이지 대학 문학부 교수인 사이토 다카시가 21세기의 '생각하는 대중'을 위해 쓴 매우 특색 있는 통사이자 부문사인 이 책은 일본 역사학이 가진 힘을 고스란히 드러내 보여준다. 욕망에서 시작해 모더니즘, 제국주의, 몬스터자본주의 · 사회주의 · 파시즘, 종교로 이어지는 다섯 가지 분류는 일반인에게 자본주의의 등장에서 현재에 이르기까지, 기계적인 경제 환원주의가 아닌 실제 역사를 구성했던 주요 요소들을 통해 인간사회를 재구성해 쉽게 이해할 수 있도록 도와준다. 이 책은 자본주의의 등장과 전개라는 관점으로도 읽을 수 있고, 근현대 문화사라는 시각으로도 읽을 수 있고, 경제사를 둘러싼 사회문화적 조건이라는 측면에서도 읽을 수 있다. 그 어느 쪽으로 읽든지 아주 흥미진진한 근현대사를 세계사라는 지평에서 펼쳐 보이고, 또 크든 작든 유의미한 깨달음을 줄 수 있다.

한국에서는 주경철 박사가 해양사라는 측면에서 항해사에 대한 작업을 시도한 적이 있다. 물론 유의미하고 중요한 연구이기는 한데, 아무리 생각해도 주경철 박사는 너무 외로워 보인다. 항해사라는 미개척지를 열어가는 그의 행보에 비하면 이렇다 할 반향도 없고, 사회적으로 그 메시지가 제대로 받아들여지지 못하는 것은 물론, 지금 우리가 다시 보아야 할 여러 주제들과의 동행 없이 이루어지는 까닭이다. 주경철과 사이토 다카시의 차이를 거대한 '함단'과 단독 항해하는 '범선'의 차이에 빗대어 이야기할 수 있지 않을까. 역사학의 힘이 차고 넘쳐서 소소한 생활사와 비경제적인 요소의 경제사까지 다룰 여력이 되는 일본과, 쥐어짜고 또 쥐어짜 어렵게 책 한 권을 만들어나가며 근근이 버티는 한국 역사학의 차이, 그런 엄청난 차이가 여기에서 발견된다. 주경철과 사이토 다카시의 집단적 체력의 차이는 이미 30년 전에 공부했던 사람들 사이에서 나타나는 차이이고, 그것이 좀 더 극명한 형태로 나타나는 것이 지금의 현실이다. 그렇다면 20년 후, 혹은 30년 후에는 어떻게 될까? 생각이 여기에까지 미치면 아찔한 생각이 들지 않을 수 없다. 역사학을 버린 나라가 과연 지금의 경제적 덩치를 이끌고 내부에서 생겨나는 수많은 문제들을 어떻게든 해소하면서 다음 단계로의 진화를 계속해나갈 수 있을까? 어려워 보인다. 그러나 역사학의 붕괴에서 생겨나는 부작용은 이런 국가나 사회와 같은 거창한 차원에서만의 문제가 아니라 개인들에게도 치명적인 결함을 만들어내고야 만다.

백과사전적 지식의 귀환, 무엇을 준비할 것인가?

지식을 분류하는 방식에는 여러 가지가 있는데, 그중에서 대표적인 것이 '백과사전형 지식'과 '전문가형 지식'이다. 단어 그 자체로, 얕지만 넓게 아는 것과 깊지만 좁게 아는 두 가지 유형의 지식 체계를 생각해볼 수 있다. 물론 모든 부문에 대해 다 잘 알면 좋겠지만 그게 말처럼 쉬운 일은 아니고, 결국 개개인에게도 지식을 습득하는 패턴이라는 것이 생겨나게 된다. 한국에서도 백과사전형 지식은 이규태를 비롯해서 이어령에 이르기까지, 분명히 존재해온 하나의 패턴이었다. 그러나 경제 근본주의의 시대라고 할 수 있는 IMF 경제위기 이후 이런

한 백과사전형 지식체계를 갖춘 사람은 더 이상 등장하지 않고 있다. 오히려 10년 가까이 전문가형 지식을 갖춘 사람을 사회적으로 우대하고, 또 그렇게 사회의 지식 체계가 움직여 나갔다. 학계만 보더라도 백과사전형 지식 시대의 대명사라고 할 수 있던 '학자' 혹은 '지식인'이라는 단어보다는 '전문가'라는 단어를 더욱 선호하는 경향이 있었다. 분명히 그런 시기가 있었고, 지금도 우리는 한국의 10대들과 대학생들에게 '전문성'을 유별나게 강조하고 있다.

그러나 역사는 돌고 도는 것처럼 유행의 패턴 역시 돌고 논다. 대량생산 대량소비의 시대에 사회의 지배계층은 물론 일반인들에게까지도 요구되었던 것은 개인이 사회나 국가라는 거대한 기계의 하나의 부품처럼 되어가는 패턴들이었다. 그것을 '포디즘의 시대'라고 부르며, IMF 경제위기를 한국은 '다시 한번 포디즘'이라는 형태로 극복하려 하였고, 어떻게든 사람들을 비정규직으로 바꾸어서 인건비라도 줄이고, 또다시 쥐어짜서 '세계의 공장' 시대로 복귀하려고 하였다. 그러나 이 내핍형 경제를 끝까지 몰고 가는 하나의 시대는 이제 종착역에 이르렀다.

결국 한국 경제가 갈 수 있는 방향은 문화와 지식을 더욱 적극적으로 활용하는 방식의 국민경제로 전환할 수밖에 없는

데, 이건 한국이 특별히 더 똑똑하거나 유리해서가 아니라 이 방식 외에는 다른 출구가 없기 때문이다. 조금 더 부드럽게 표현하면 결국 '문화의 시대'가 한국에서 열리게 된다고 할 수 있고, 경제적으로 얘기하면 '문화 경제의 시대'가 한국에서도 꽃을 피우게 된다고 할 수 있다. 오해하지 마시라. 이건 좋아서 가는 게 아니라, 하다 하다 출구가 막혀서 "산 입에 거미줄 치랴" 하는 심정으로 어쩔 수 없어 가게 되는 것에 가깝다.

세상은 돌고 도는 것이라서, 다시 한번 백과사전적 지식이 필요한 순간이 오게 될 것이라는 게 내 생각이다. 문화나 지식을 다루는 분야에서는 개별 생산자만이 아니라 기획자가 굉장히 중요해지게 되는데, 그 기획의 순간에 필요한 것이 바로 백과사전적 지식이다. 전문지식을 갖춘 사람들이 많아질 때 그들의 지식을 하나로 엮어서 새로운 부가가치를 창출해내고 새로운 길을 열어가는 발상의 전환, 그것은 백과사전적 지식을 갖춘 사람만이 해낼 수 있는 하나의 블루오션이다. 흩어져 있는 지식들을 엮어내고, 그것들을 조율할 수 있는 사람, 다시 한번 이런 종합기획자들의 시대가 한국에 오고 있다. 국민경제의 운용방식이 바뀌면, 동시에 지식에 대한 사회적, 물리적 조건도 바뀌는 셈이다.

역사학은 오랫동안 이런 백과사전적 지식에 들어가는 가

장 좋은 입구였으며, 역사를 통해서 인류는 이런 방식의 지식을 만들어냄과 동시에 그런 지식체계를 갖춘 사람들을 재생산해왔다. 지난 10년 동안 우리는 역사학을 통한 교육과 교양을 무시해왔지만, 지금 이 위기의 시대를 맞아 또 한 번 세상의 축이 바뀌고 있으며, 한국에서도 그러한 변화가 지금 발생하고 있는 중이다. 종합기획자, 그들의 시대가 다시 한번 활짝 열리는 셈이다.

이 책을 나는 인문서나 역사서를 즐겨 읽는 독자뿐 아니라 고등학생들과 대학생들에게도 적극 권해주고 싶다. 세계사에 대해서, 그리고 지금의 역사에 대해서 한 번도 진지하게 생각해보지 않았던 이들에게, 역사를 읽는 재미와 함께 생활의 소소한 것들의 기원과 기능에 관해 생각해보는 재미를 주게 될 것이다. 역사 비전공자에게 재미있는 역사서를 만드는 것은 아주 어려운 일이다. 그들에게 사이토 다카시의 책은 좋은 입문이 될 것이고, 잃어버린 '종합교양'에 대한 흥미를 되찾아줄 자극제가 될 수 있다. 또한 '맥락'과 '디테일'은 사이토 다카시의 중요한 미덕인데, 이 책에서는 그런 강점이 유감없이 발휘되고 있다.

한 번쯤 백과사전적 지식을 맛보고 싶은 사람들에게, 그리고 그렇게 생각해보고 싶은 청소년과 청년들에게, 이 작지만 뿌듯한 입문서 하나를 권해주고 싶다. 최소한 세계사에 대한 이해는 높이지 못하더라도 백과사전적 지식이 어떤 것인지, 그것 하나만큼은 확실히 배울 것 같다.

우석훈

경제학자, 성공회대 교수

세계사를 움직이는 다섯 가지 힘

초판 1쇄 펴냄 2009년 10월 26일
35쇄 펴냄 2023년 2월 16일
개정판 1쇄 펴냄 2024년 7월 8일
2쇄 펴냄 2024년 8월 26일

지은이 사이토 다카시
옮긴이 홍성민
펴낸이 고영은 박미숙

펴낸곳 뜨인돌출판(주)
출판등록 1994.10.11.
(제406-251002011000185호)
주소 10881 경기도 파주시 회동길 337-9

홈페이지 www.ddstone.com
블로그 blog.naver.com/ddstone1994
페이스북 www.facebook.com/ddstone1994
대표전화 02-337-5252
팩스 031-947-5868

ISBN 978-89-5807-017-7 03900